中央和国家机关

“强素质 作表率”读书活动主题讲坛周年读本 10

本书编委会 编

中国书籍出版社

图书在版编目（CIP）数据

中央和国家机关“强素质·作表率”读书活动主题讲
坛周年读本. 10 /《中央和国家机关“强素质·作表率”
读书活动主题讲坛周年读本10》编委会编. -- 北京：
中国书籍出版社, 2019.12
ISBN 978-7-5068-7480-9

Ⅰ. ①中… Ⅱ. ①中… Ⅲ. ①社会科学—文集 Ⅳ. ①C53

中国版本图书馆CIP数据核字(2019)第227234号

中央和国家机关“强素质·作表率”读书活动主题讲坛周年读本. 10

《中央和国家机关“强素质·作表率”读书活动主题讲坛周年读本10》编委会　编

责任编辑　牛　超　王　森
责任印制　孙马飞　马　芝
封面设计　耕者设计
出版发行　中国书籍出版社
地　　址　北京市丰台区三路居路 97 号（邮编：100073）
电　　话　（010）52257143（总编室）　（010）52257140（发行部）
电子邮箱　eo@chinabp.com.cn
经　　销　全国新华书店
印　　刷　三河市顺兴印务有限公司
开　　本　787 毫米×1092 毫米　1/16
字　　数　155千字
印　　张　15.25
版　　次　2019 年 12 月第 1 版　2019 年 12月第 1 次印刷
书　　号　ISBN 978-7-5068-7480-9
定　　价　59.00元

出版前言

从 2009 年 4 月到 2019 年 4 月，中央和国家机关“强素质·作表率”读书活动已经举办整整十年。这是组织者倾情投入、参与者积极响应的十年，是有关各方同心协力、共创佳绩的十年。在各级领导的亲切关怀下，经过主办、承办、协办单位的不断努力，依靠各界嘉宾的热情支持，“强素质·作表率”读书活动持续高效开展，取得了丰硕成果，在中央和国家机关党员干部中赢得了良好的口碑，切实营造了乐于读书、勤于学习的浓厚氛围，有力地推动了机关学习型党组织建设，在社会上也产生了广泛而深刻的影响。

作为读书活动的核心内容，主题讲坛每月举办一次，约请国内各领域、各行业的著名专家、学者，围绕政治、经济、历史、文化、科技等方面的热点和重点论题，讲解最新研究成果，阐发创新思想观念，具有很高的文化学术价值。10 年来，已有 100 多位嘉宾先后登上主题讲坛，奉献了 120 场各具特色的精彩讲座，现场听众累计近 45000 人次，较好地满足了中央和国家机关党员干部学习理论、汲取新知、砥砺思想、提升素质的需求。

为了充分延伸读书活动的传播效果，也为了让更多的读者分享主题讲坛的丰硕成果，领略著名专家学者的前沿思考和智慧风范，自读书活动创办以来，我们每隔一年，便将上一年度的主题讲座内容结集成书，以周年读本的形式正式出版。本书是《周年读本》第十辑，为2018年4月至2019年3月共十二期讲座内容的汇集整理，其中既有对习近平新时代中国特色社会主义思想的深入学习和认真领悟，也有对我们党近百年艰苦卓绝奋斗历程的客观回顾和经验总结；既有对当前国际政治经济形势和中国外交战略的细致分析，也有对人类文明进程和文明多样性的生动阐述；还有关于歌剧和中国美声的专题艺术研讨，关于宇宙奥秘和人脑奥秘的最新科学探究，等等。这些内容均充满时代气息，富含理性精神，既集中反映了主题讲坛的最新学术文化积淀，也延续了《周年读本》一贯的简明风格，希望能够赢得广大读者朋友一如既往的关注和认可。

十年树木，百年树人。中央和国家机关“强素质·作表率”读书活动与时代同步，走过了不同凡响的十年，成绩令人鼓舞。作为读书活动与广大读者交流、互动的重要方式，《周年读本》的整理、汇编和出版工作业已顺利开展了十个轮次，效果显著，令人欣慰。但读书活动和主题讲坛未有竟时，下一轮周年读本的编纂工作又将开始。站在新的起点上，我们应当按照更高标准，继续精心组织，不断开拓创新，努力把“强素质·作表率”读书活动办得更好，把《周年读本》编得更好，以不辜负各级领导的信任和重托，不辜负各位嘉宾的热情支持，也不辜负中央和国家机关党员干部，以及广大读者朋友的持续关注和殷切期望。

中央和国家机关

“强素质·作表率”读书活动办公室

2019年4月

目录

主讲人：陈学明

陈学明，1947 年 3 月生，现任复旦大学马克思主义学院、哲学学院特聘教授、博士生导师。上海市哲学社会科学重点研究基地首席专家、国家社会科学基金重大项目首席专家。“五个一工程奖”和中华优秀出版物奖获得者。

自上世纪 90 年代末以来发表论文 500 余篇，出版论著、教材、译著 30 多部。完成省部级以上研究课题数十项，获得省部级以上各种奖励 20 余次。

当代西方马克思主义

当代西方马克思主义

郝振省：同志们、朋友们，大家上午好！今天是4月21日，距离世界图书与版权日还有两天的时间。而今天距离全世界无产阶级和劳动人民的伟大导师马克思诞辰200年的纪念日还有两周时间。今天也是中央和国家机关“强素质·作表率”读书活动主题讲坛进入第九年的重要时刻，所以今天这个日子特别有纪念意义。为了纪念马克思，我们为大家特别邀请到了复旦大学马克思主义学院和哲学学院特聘教授、博士生导师陈学明先生。大家欢迎他！

陈学明教授还是中国马克思恩格斯研究会的副会长、全国当代国外马克思主义研究会会长。他今天演讲的题目是“当代西方马克思主义”。今天相关部委的领导同志依然准时到场，和我们一起聆听陈教授的演讲，让我们对他们的到来表示感谢。

在马克思诞辰200周年之际，我们党和国家采取多种形式来纪念这位历史伟人是理所当然的事情。由原中央编译局和中央电视台联合摄制的有关马克思生平的纪录片，即将在中央台第一频道黄金时间播出。有关马克思主义和马克思思想的各种理论研讨会正在接连不断地召开。今天我们就请陈学明教授来给我们介绍当代西方马克思主义的由来与发展、特征与表现、趋势和要点，以及它对中国的意义和中国对它的借鉴。现在让我们以热烈的掌声欢迎陈学明教授开讲。

尊敬的郝院长、尊敬的中央和国家机关的各位领导和各位同志，严格来说，今天我不是来讲课，我是来做汇报的。作为一个多年研究马克思主义的学者，难得有这么个机会来向中央国家机关的领导汇报，来检验我多年来的研究成果，来接受你们的批评与指正。

我们的世界在千变万化，每天都有新鲜事物不断呈现在我们面前。这个世界怎么了？它怎么样发展，如何发展？这是我们每个人都关注的。我们都在关心着马克思主义的现状与命运，因为马克思主义命运，是与人类的命运，包括我们中国人民的命运紧紧地联系在一起的。马克思主义的现实性如何，以及人类对于它的接受程度怎么样，会直接关系到我们这个世界发展的趋向。自恩格斯逝世以后，世界上出现了各种各样的马克思主义，其中有一种马克思主义思潮叫做“西方马克思主义”。“西方马克思主义”是一个理论的意识形态概念，不仅仅是地域的概念。“西方马克思主义”不等于是西方的马克思主义，它是西方各种各样的马克思主义思潮中间的一个思潮。习近平总书记在 2017 年 9 月 29 日主持中共十八届中央政治局第四十三次集体学习时指出：“学习研究当代世界马克思主义思潮，对我们推进马克思主义中国化、发展21世纪马克思主义、当代中国马克思主义具有积极作用。"习总书记所说的"当代世界马克思主义思潮"，其中主要的一种思潮就是西方马克思主义。所以今天我着重向大家介绍一下西方马克思主义。

一、西方马克思主义的主要特征

恩格斯逝世以后，马克思主义出现分化，当代世界有各种各样的马克思主义思潮，或者说有马克思主义的解释路向。按照我的研究，目前主要有四种马克思主义解释路向：其一，第二国际传统的马克思主义解释路向，特别是民主社会主义或者社会民主主义，它的主义还自称是马克思主义；其二，第三国际传统的马克思主义解释路向，也就是我们经常说的马列主义；其三，第四国际传统的马克思主义解释路向，我们称之为现代托洛茨基主义，它还有一定的影响；其四，西方马克思主义的解释路向。

西方马克思主义跟以上三种马克思主义思潮或者路向有重大区别。它完全是在20世纪新的历史条件下形成和发展起来的。它跟第二国际、第三国际、第四国际在理论的源流上没有彻底的继承关系。我在这里介绍西方马克思主义的主要特征，想通过西方马克思主义和其他几种马克思主义思潮和流派的比较来把握它的主要特征，看看它们的界限哪里，争论在什么地方？我不急着回答它是一股什么思潮，而是讲它们之间的争论。

我简单地说一下，争论主要在两个层面上。第一个是在哲学理论层面上的争论；第二个是在社会政治理论层面上的争论。

在哲学层面上，以上几种马克思主义思潮之间存在的剧烈的分歧，这种分歧和争论主要围绕着两个问题展开。第一个问题是马克思主义和哲学的关系。马克思主义究竟是不是哲学？马克思主义是不是包含哲学？马克思主义和哲学的关系？这是一个争论很激烈的理论问题。第一个争论主要是在第二国际传统的理论家和西方马克思主义理论家之间展开。第二国际传统的理论家中无论是左派、中派和右派，他们内部有很多分歧。但有一点是一致的。他们都强调马克思主义不是哲学，认为马克思主义主要是一种阶级理论、社会理论和政治理论，但不是哲学。他们把马克思主义理解为科学社会主义，注重把马克思主义科学主义化、实证主义化。他们认为马克思不是哲学家，主要是一个社会理论家和经济学家。那么他们这样讲根据在哪里？根据主要在马克思、恩格斯本人的著作。我们现在经常看到的马克思弘扬哲学的一些名言警句，都是马克思在早期说的，严格来说是1843年之前说的。特别是1845年以后，马克思对哲学的态度发生了重大变化，他开始“批判哲学”“终结哲学”“消灭哲学”。这些第二国际的思想家，就抓住了马克思著作当中的这些言辞，来说明马克思主义告别了哲学，与哲学彻底决裂以后再成为一个马克思主义者。所以马克思主义按照本来的意义，它不是哲学。

与此相反，西方马克思主义他们认为，第二国际的理论家否定马克思主义哲学的存在，把马克思主义科学主义化，把马克思主义理论理解为是一种社会科学、经济科学、政治科学，就使马克思主义彻底丧失了应有的力量。其实西方马克思主义是在西方世界革命处于低潮时形成的，但我们不能说它是失败的产物。因为1920年的前后，中欧跟西欧的许多国家按照苏联十月革命的模式，也爆发了无产阶级革命，像德国、匈牙利、意大利，但这些革命马上就失败了。随后参加革命的一些知识分子就探讨革命为什么可以在俄罗斯成功，在发达资本主义国家失败呢？原因何在呢？他们归结了一个重要的原因就是，当时的马克思主义理论家把马克思、恩格斯的基本原则丢掉了，丢掉了马克思主义哲学。把马克思主义变成一门实证科学，试图将革命成功完全寄托于客观的历史规律，革命为自愿地发生，抹杀了人的能动性，抹杀了主体性。为什么革命失败跟抹杀革命的主体性联系在一起呢？这跟丢掉马克思主义哲学有关。因为马克思主义哲学在告诉人们，我们改变这个世界要发挥人的主体作用，不能把命运完全寄托于客观的历史规律。正如有位西方马克思主义理论家说的，第二国际把马克思主义变成这样一个东西：你相信了马克思主义，就好像从马克思主义那里领了一张火车票。领了这张火车票，登上这列火车一直走就走到共产主义。马克思主义是一种鼓动人们依靠自己来掌握自己命运，发挥能动性来改变世界、创造世界的一种学说。所以他们认为第二国际忽视人在历史发展过程中人的主观能动性，造成严重的后果，把马克思主义变成一种"见物不见人"的理论。

基于这样一种基本认识，西方马克思主义理论家强调要重振革命的雄风，首先要恢复马克思主义哲学。要重建马克思主义哲学，要恢复哲学在马克思主义的地位，重振马克思主义的真精神跟恢复马克思主义哲学是联系在一起的。但是他们这样做，又遇到了一个很大的思想障碍——马克思、恩格斯本人的著作。因为马克思、恩格斯本人的著作明明白白地告诉人们，马克思在 1843 年、到 1845 年以后要消灭哲学，西方马克思主义理论家对这个问题作了很好的解释。他们认为，马克思有句名言："你们不在现实中实现哲学，就不能消灭哲学。""消灭哲学"是个非常漫长的过程，不是你说宣布它不存在了就可以的。为了消灭哲学，首先要实现哲学。所以马克思为了消灭旧哲学，他选择了一种新的哲学，新的唯物主义。这种唯物主义跟传统哲学、传统唯物主义思想不是一回事。马克思要消灭旧哲学，不等于说马克思主义不需要哲学。马克思有新的主张要建立自己的哲学。他们呼吁哲学有新的功能、新的特征。经过他们的解释，他们认为这个问题就讲通了。马克思主义的核心部分还是哲学，这样就可以发挥人的能动性，而不是一种科学主义的理论。

在理论方面的第二个争论是：马克思主义哲学究竟是什么？如果认为马克思主义包含哲学，那么马克思主义哲学是什么？什么是马克思主义哲学的本质特征？如果说第一个问题是西方马克思主义和第二国际理论家之间的争论，那么第二个问题主要是西方马克思主义和第三国际传统的理论家之间的争论。第三国际传统的理论家强调马克思主义哲学的基本问题还是恩格斯所说的"思维与存在的关系问题"，他们认为马克思主义哲学体系就是辩证唯物主义和历史唯物主义，马克思主义哲学的基本内容就是物质本体论、唯物主义反映论和把人类历史理解为自然史的历史观。在西方马克思主义理论家看来，整个第三国际传统思想家对马克思主义哲学理解是错误的。因为从黑格尔以后，整个西方哲学发生了重大转折。这个转折是从康德、尼采、叔本华等人开始的，开创了现当代西方哲学。现当代西方哲学和传统的近代哲学的一个重大区别就在于反对形而上学。哲学要回归于生活世界，不再把探讨这个世界是物质还是精神作为哲学的基本问题，回到生活世界，回到人本身。西方马克思主义理论家认为第三国际传统的理论家用近代哲学的眼光看待马克思主义哲学是错误的，马克思主义哲学经过哲学革命已经超越了近代哲学，马克思主义哲学属于现代哲学而不是近代哲学范畴。马克思主义哲学经过哲学革命已不再把“思维与存在的关系问题”作为哲学的基本问题，马克思主义哲学是对主客二分的形而上学世界观和思维方式的超越，马克思主义哲学实现了思维与存在的统一，统一于人的实践活动。他们强调，马克思主义哲学是主客体统一的实践哲学，主要特征是实践性、历史性、总体性。

我们可以看到，从理论上来说，西方马克思主义主要是两个基本观点：第一是马克思主义的核心自觉性，第二马克思主义哲学的主要特征是世界本体论。这样他们既跟第二国际传统的理论家划清界限，又跟第三国际传统的理论家划清界限。

下面讲在社会政治理论上的争论。哲学上的争论跟分歧，与社会政治理论上的分歧是联系在一起的。在社会政治理论方面的分歧也很多，但核心问题还是围绕在如何看待当代资本主义。这个争论从恩格斯逝世以后就开始了，在“如何看待当代资本主义”上出现了两种截然不同的态度：一种是批判、革命；一种是辩护、改良。由伯恩斯坦、考茨基所开创的、包括西方各国社会民主党在内的第二国际传统是为当代资本主义辩护，主张对资本主义持改良主义态度，后来演变成为民主社会主义的一大思潮。他们有个基本看法，资本主义是不可能被推翻的，我们需要关心它的变化，并认为资本主义可以和平过渡到社会主义，所以他们不想成为资本主义的批判者，这种看法一直延续到现在。与之相反，包括西方各国共产党在内的第三国际传统和西方马克思主义理论家还坚持对当代资本主义持批判态度。西方共产党第三国际集团的马克思主义，在 20 世纪的 80 年代之前，还是高举革命旗帜，对资本主义持批判态度的。20 世纪 80 年代以后，态度稍微有点变化，也主张通过走议会道路来改变资本主义。而在西方马克思主义看来，共产党的马克思主义在西方世界，从 20 世纪 80 年代以后实际上跟社会民主主义在某种意义上已经合流。真正对资本主义持尖锐批判态度的，就是西方马克思主义理论家。所以西方马克思主义不是民主社会主义，当代世界中它是对资本主义持激烈的批判态度、否定态度的一股思潮，坚决反对资本主义。习近平总书记在去年的讲话中，肯定国际马克思主义的思潮，主要肯定他们对资本主义的批判、对资本主义的揭露。他说的批判和揭露，主要指西方马克思主义。

但是同时我们要看到，共产党的马克思主义跟西方马克思主义虽然都对资本主义持否定态度、批判态度，但理论的立足点是不一样的。基于什么样的理论出发来批判当代资本主义，两者有极大的区别。共产党理论家一般来说，还是从马克思的剩余价值理论角度出发，来批判当代资本主义，主要发源于批判当代资本主义的资本家对工人的经济剥削，或从经济剥削集团形成的政治压迫，还是基于《资本论》。西方马克思主义也批判资本主义，但它的理论出发点不一样。它认为在当代世界上，你很难说资本家是如何榨取工人的剩余价值，他们否定剩余价值理论的存在和发现。他们认为这个社会是好是坏，主要是看这个社会上人的状况、人的本质的思想状况。他们基于马克思人道主义来批判资本主义。他们主要是从《1844 年经济学哲学手稿》中的异化劳动理论出发，批判资本社会中对人的压抑、对人性的扭曲，使人作为本质的劳动导致的异化。所以同样是批判资本主义，理论的立足点不一样。而他们的主要分歧是对当代资本主义的态度。

其次是如何看待现代科学技术的社会政治效应。在这个问题上分歧更大了。无论是第二国际传统的理论家还是第三国际传统的理论家，他们都高度肯定科学技术对人类积极的社会政治作用。科学技术是生产力，它创造财富，就是在对社会政治效益方面他们也是肯定的。他们认为马克思的观点是科学技术发展的方向跟人类的整个方向是一致的。第二国际传统的理论家甚至认为，随着科技的发展，完全可以依靠科技的力量把人类送到幸福的明天。共产党的思想家也对科技持肯定态度。但是西方马克思主义不一样，西方马克思主义否定科学技术的社会政治效应。他们认为科学技术在当代世界中的社会政治功能主要是消极的、负面的，就是科学技术的发展跟人性之间存在对立的关系。哈贝马斯提出科学技术在现代社会不仅仅是一种生产力，更是一种意识形态。哈贝马斯早在 1968 年就提出科学技术是第一生产力，同时又提出科学技术即意识形态。在哈贝马斯访问复旦大学的时候，我曾与他有过交流。在 1978 年时，邓小平同志在全国科技大会上第一次提出科学技术是第一生产力。我对哈贝马斯说，你比我们邓小平同志还早 10 年提出科学技术是第一生产力。还没等我话讲完，他就说不，我跟邓小平同志讲的是相反的，邓小平讲科学技术是第一生产力是为了弘扬它，科技兴国；我提出科学技术是第一生产力，是想提醒你们科学技术作为意识形态，它未来是要对人类起负面效应，方向是不一样的。现在人工智能、大数据时代到来了，对科学技术的社会政治效应的研究要加强。我估计像西方马克思主义理论家跟其他几个思潮的理论家还会产生剧烈的分歧，我们拭目以待。

再一个问题是如何看待十月革命的道路？西方马克思主义跟其他几个思潮不一样。它对社会主义理论、道路是持坚决否定的态度，还认为社会主义理论革命是早产的。在这点上，他们又回到了当年跟列宁争论的考茨基那里。他们认为当时的俄罗斯根本不具备进行无产阶级起义和社会主义的条件。他们从这里引出一个理论，当然这个理论我们是不同意的。他们认为落后国家搞社会主义导致搞集权主义的必然性，它一定要依靠国家的力量、集权的力量来发展生产力。从这里他们又引出一个问题，人类究竟为什么要搞社会主义？搞社会主义就是为了发展生产力吗？他们认为社会主义是为了获得人类的解放，人类的解放跟生产力的发展有联系但不是一回事。但由于十月革命发生在俄罗斯，所以人们一直认为革命就是改变贫困，发展生产力。这样就把马克思主义革命的原意误解了。所以他们要正本清源。

最后一个问题是如何改变资本主义。议会道路是西方一个通行的道路。无论是第三国际还是第二国际基本上都陷入了议会道路。反对议会道路的主要是西方马克思主义和现代托洛茨基主义，他们两者都反对议会道路。但是现代托洛茨基派中的主流还在主张暴力手段、武装起义的方式来改变资本主义，这种主张在当代世界已经为数不多了。而西方马克思主义反对议会道路，却并不主张暴力革命。他们既反对议会道路，又反对暴力革命，而是主张非暴力的革命。他们有一个基本认定，现代社会特别是现代资本主义社会，社会的性质不仅仅是政治社会，而是市民社会。阶级社会它的统治主要依靠的是国家的机关，依靠暴力，建立在强制的基础上。而市民社会的统治具有合法性，它主要不是依靠专政集团，依靠的是文化，依靠意识形态，依靠家庭、学校，它从文化上制造一种合法性。因为国家的领导统治具有合法性，符合某种合法性标准。比如说它保护自由贸易、保护自由市场，那是具有合法性的，它有个标准。正因为在老百姓看来，它符合这个标准，所以我拥护它，是意识形态的作用、文化的作用。在这种情况下，在西方马克思主义理论家看来，你要改变这个社会，仅仅依靠暴力改变国家机构是不行的，主要还是得改变它的文化，要掌握意识形态的领导权、文化的霸权。所以他们更主张文化革命、意识形态革命，改变社会制造合法性、形成合法性的文化机构、文化设施。所以他们也反对暴力革命，通过暴力手段改变国家机器。

二、美国及西方世界金融危机以来西方马克思主义的新的趋向

美国及西方世界金融危机以来，西方马克思主义的发展已形成了新的特点，这些新的特点我们必须要把握。

第一，国外马克思主义思潮逐渐与当代左翼激进思潮相合流。西方左翼思潮中支持马克思主义的仅仅是其中一小部分。始于2007年的美国次贷危机，在2008年扩展为波及全球的金融危机，激起了左翼思潮的进一步复兴。在西方，由左翼组织并参与的游行、罢工及社会抗议活动十分引人注目。在非西方国家和地区，反自由主义及反全球化运动也十分活跃，新社会运动及全球社会论坛呈现新态势。在美国，就有一个全球左翼联盟，其主旨是“另一个世界是可能的”。针对的就是撒切尔夫人所说的“人类社会除了资本主义没有其他别的选择了”。这些激进左翼活动，构成了国外马克思主义研究活动的实践基础。引导这些左翼活动的当然不仅仅是马克思主义思想家，更多的是非马克思主义左翼激进人士，但这些左翼活动无疑推进了马克思主义在当代世界的复兴，如马克思主义政治哲学传统的复兴、马克思主义政治经济学的复兴、马克思主义生态理论与女

权理论的复兴、马克思主义地理学与空间理论的复兴、马克思主义共产主义理论的复兴等。西方左翼理论界出现了回到马克思主义理论传统的新动向。相应地，马克思主义研究的复兴之势，也为左翼理论注入了新的活力。

第二，后现代思路在当代西方马克思主义思潮中占有支配地位。因为后现代主义目前在西方世界愈演愈烈，马克思主义的发展深受其影响。后现代主义的兴起，意味着传统的知识、理性、科学以及占统治地位的意识形态等权威受到人们怀疑时，一些知识分子对马克思主义的宏大叙事、革命主体思想等等开始了重新审视和反思。马克思主义的“后现代化”严重地影响了马克思主义。在“1968 年革命”之后成长起来的西方知识分子身上，都深深地打上了“后现代主义”的烙印。当代国外马克思主义的现代性批判思路，主要是一种后现代思路。简单地说就是将马克思主义对资本主义的批判同形形色色的后现代理论结合起来，形成一种独特的批判逻辑。而最典型的莫过于大卫·哈维等人的把对资本主义的批判引向“空间批判”的倾向。

第三，马克思主义正在经历从传统的马克思主义向“后马克思主义”的逻辑转换。尽管“后马克思主义”这一概念的出现可以追溯到 1985 年拉克劳与墨菲的《霸权与社会主义战略》一书的出版之后，但是这一概念被广泛接受与流行还是近 10 年的事。当今国外的一些马克思主义研究者喜欢在自己所推崇的马克思主义前加上“后”这一限制词。人们一般都把“后马克思主义”理解为虽然在理论旨趣上仍然坚持马克思主义对资本主义以及现代性本身的批判维度，但实际上放弃或者背离了马克思主义从生产方式出发展开批判的理论逻辑。

第四，马克思主义研究越来越多地融合当代人文科学和自然科学发展的新的成果。进入新世纪以来人文科学、自然科学的发展迅速，许多国外马克思主义研究者都致力于结合这些人文科学与自然科学的成果来阐述马克思主义，给马克思主义的发展注入新鲜血液，增强它的资本主义批判的力度，尽管他们在对人文科学和自然科学的成果应用中存在着一定程度的歪曲和误用现象。齐泽克、巴迪欧、朗西埃、阿甘本被认为是当代“后马克思主义”最有影响的“四条汉子”。他们相同的理论背景就是在致力于突破资本主义制度的铁笼，重新将“共产主义观念”祭上神坛之时，既延续马克思主义传统中对资本主义的激进批判，又吸收整合人文科学，特别是后现代主义哲学，以及自然科学的新成果。

第五，注重在马克思主义的有机整体中研究马克思主义的各个组成部分。以前的马克思主义研究，研究者往往习惯于把马克思主义的某一组成部分从马克思主义中抽取出来，对马克思主义进行分门别类的研究，从而形成了形形色色的马克思主义学科，如哲学、经济学、政治学、社会学、美学等等。现在变了，现在强调对马克思主义做整体研究。因为他们认为，把马克思主义分割成各个部分，某种程度上是对马克思主义教条主义的一种曲解。在马克思那里，从来没有一本书讲哪个是哲学，哪个是经济学，马克思主义是一个整体。所以现在国外对马克思主义研究流行的是整体研究，而不再分割为某个部分。

第六，普遍接受了马克思主义多样性发展的现实。以前马克思主义研究者往往为了说明自己才是“正统”的马克思主义者不惜与其他的马克思主义研究者大动干戈。不要说在20世纪上半叶第二国际传统的马克思主义、第三国际传统的马克思主义与西方马克思主义这三股思潮的“三足鼎立”，就是在20世纪下半叶西方马克思主义内部的人本主义倾向与科学主义倾向之间的“两刃相割”，就足以说明问题。苏东剧变后，特别是在近10年，往日在马克思主义研究中常见的那种分庭抗礼、明争暗斗现象少见甚至不见了，而代之于推己及人、相辅而行的局面。多种马克思主义并存也是一个新的发展趋向。

三、西方马克思主义对中国的意义

当我们了解了西方马克思主义的主要特征，以及最近一二十年它的主要特征的新的发展以后，让我们回到中国的大地上来。看看西方马克思主义在当今中国的意义何在，在当今中国的功能和作用。

西方马克思主义自20世纪70年代末、80年代初传入中国以来，到现在为止已经30多年时间了，大致经历了三个时期。第一个时期：70年代末至80年代末。我认为70年代末到80年代末这十年时间，西方马克思主义的主要作用是促进思想解放，打破对马克思主义教条主义僵化的理解。这一点上西方马克思主义功不可没。中国走上改革开放的道路，开辟新的历史时期，关键在于要破除原有的思想障碍，实现思想解放。而在各种思想障碍中，无疑对马克思主义的教条、僵化的错误理解是最大的思想障碍。西方马克思主义研究在中国第一阶段的意义就是促使人们摆脱对马克思主义教条、僵化的理解，为中国人民实现思想解放提供了强大的思想武器。

从20世纪70年代末开始，西方马克思主义思潮涌进了中国国内，卢卡奇、葛兰西、马尔库塞、哈贝马斯、阿尔都塞、萨特这些西方马克思主义者的名字在中国一下子耳熟能详，他们的著作成批成批地被译成中文出版，充斥于中国的书店，他们的理论和观点甚至走进了大学的课堂。所有这些，给中国带来了什么呢？最主要的是带来了对马克思主义的看法的改变。人们从西方马克思主义那里，知道了马克思主义并不完全是如当时所理解的那样。起码人们知道了马克思主义原来还具有以下这特点：

其一，现实性。西方马克思主义的理论家为自己提出了使马克思主义"现代化"的使命，20世纪西方马克思主义的发展过程是不断地与现实相结合的过程。20世纪"西方的马克思主义"之所以能对20世纪西方的历史进程产生重大影响，主要在于它具有"现实性"这一重大特征。尽管有的西方马克思主义学者纯粹把马克思主义作为纯学术来进行研究，但是从总的来说，20世纪西方马克思主义绝大多数派别都注重面对社会现实。即使他们从来也没有企图建立某种政党来实践自己的学说，即使他们大多是关在书斋里钻研学问的学者、教授，即使他们写下的著作又是如何晦涩难懂，但是，从他们所关注的一些理论问题来看，他们实际上并没有回避现实的挑战，在他们那深奥难懂的语言中负载着大量关于急剧变化着的资本主义世界的信息，可以说，他们实际上是在书斋里，用他们特定的语言和方式曲折地反映着他们生活的那个时代。只要看一下整个20世纪西方马克思主义的发展过程，就可以清楚地知道，每一个阶段他们研究的主题都与现实息息相关。20世纪初，主要研讨的是如何看待资本主义的新发展；第一次世界大战前后，围绕着如何看待帝国主义与战争展开研究；苏联十月革命发生以后，又对苏联十月革命的意义以及西方国家的社会主义前景集中进行探讨；在法西斯主义兴起以及随之发生的第二次世界大战期间，研究的注意力转向探讨法西斯主义产生的根源；第二次世界大战结束以后面对西方资本主义国家基于电子技术革命所带来的新发展，把对科技革命的社会政治效应纳入了研究的视野。西方马克思主义理论家能够比较自觉地使自己的研究与现实结合在一起，当然出于他们对马克思主义哲学的本质特征的认识。在漫长的历史过程中他们越来越深切地认识到，马克思主义哲学是工人阶级自己解放自己的理论，实践性是它的本质特征之一，即它必须面向现实。马克思主义本质上永远是当代的。马克思主义的活力与魅力出自于在实践的基础上的创造性的发展。他们对马克思主义的基本认定，对中国产生了强大的影响力。

其二，开放性。整个西方马克思主义的发展历程都是一个“开放”的过程。这里所说的“开放”，指的是马克思主义哲学的研究者强调马克思主义应向各种思潮开放，吸收各种非马克思主义中的宝贵因素。西方马克思主义本来就是以把马克思主义哲学与非马克思主义哲学结合在一起为主要特征的，从属于西方马克思主义的主要是一些把马克思主义哲学与西方某一特定的哲学思潮“融合”在一起的派别。

其三，多样性。纵观西方马克思主义在20世纪的西方世界的发展，不难看出这种发展往往是通过多样性来实现的。马克思的《1844年经济学哲学手稿》于1932年公开发表以后，围绕着对《1844年经济学哲学手稿》的不同解释，更是出现了各种版本的马克思主义解释路向，马克思主义研究的多样性趋势越来越明显，成为西方马克思主义最鲜明的特点。

我认为西方马克思主义强调马克思主义的现实性、多样性、开放性，对中国产生了强烈的影响。正是在对这些特征的深刻把握的基础上，推倒了原有的一些对马克思主义的错误理解，推进了马克思主义的当代化、中国化。这是中国人民实现思想解放的理论前提。尽管这中间也有一些负面影响，但正面影响是主要的。西方马克思主义能在这么短的时间内成为中国的一个显学，并不是偶然的，而是有这个需要，有这样的土壤和条件。

第二个时期：从80年代末至90年代末。这十年时间非常关键，西方马克思主义在当代中国的主要功能是为增强马克思主义信念带来推动力，为正确总结苏东剧变的教训提供借鉴。20世纪80年代末、90年代初，国际风云突变，这主要表现在东欧一批社会主义国家的易帜和苏联的解体。这种国际形势对我们国内也产生了强烈的影响。国际上出现了马克思主义究竟怎么了、马克思主义还有没有前途等声音，国内的许多人也产生了动摇和怀疑。我们中国社会主义旗帜的继续高扬，跟中国共产党领导人的正确导航息息相关。邓小平在马克思主义处于低潮的时候，铿锵有力地讲马克思主义不会倒台的。这一阶段我国西方马克思主义研究的一个重大意义，就是为增强马克思主义信念带来推动力，为正确总结苏东剧变的教训提供借鉴。

可能无论是马克思主义的拥护者、同情者，还是马克思主义的反对者、诋毁者，都未曾想到，在苏东剧变后，自上世纪90年代中期起，在国外，特别在西方法、英、德、美等主要资本主义国家，掀起了一股研究和宣传马克思主义的热潮。在法国，世界马克思主义大会一次次地召开；在英国伦敦，在美国，这种会议也很多。马克思主义研究在西方世界的复兴，是人们都没有想到的。事实已很清楚地展现在人们面前：马克思主义并没有像一些西方政要和右翼学者所宣称、所希望的那样“行将销声匿迹”，而是在全世界范围内“顽强地活了下来”，并且“活得很好”。面对国外，特别是西方世界掀起的这股研究和宣传马克思主义的新热潮，我们国内有一批从事马克思主义理论和现代西方哲学研究的学者，敏锐地感觉到了其非同寻常的意义，并怀着一种历史使命感和政治责任感，立即加以跟踪探讨。

我国学者把西方世界马克思主义复兴的盛况介绍到我们国内，为我们增强马克思主义的信念带来了强大的思想资源。他们所开展的主要活动是召开研讨会，出席国际马克思主义大会，出国考察国外马克思主义研究状况等等，还引进相关的资料。当时我写了一部著作《走近马克思——苏东剧变后西方四大思想家的思想轨迹》，介绍了当时西方最有影响的四个思想家德里达、哈贝马斯、詹姆逊和吉登斯不约而同地走近马克思的情况，目的是阐述我们这个世界为什么还需要马克思主义。这本书在人民出版社重印了好几版，产生了一些影响，也受到中宣部领导的肯定。

第三个时期：从 20 世纪 90 年代末到现在。进入新世纪以后，我国的西方马克思主义研究的现实意义主要表现在，为开辟中国特色社会主义道路提供理论资源。实际上，我国的西方马克思主义研究在进入新世纪以后，无论就其研究的深度还是广度而言，都在原有的基础上又有了新的发展，这种发展主要表现在对当今中国社会产生越来越大的影响力。当今中国人民正胜利地行走在中国特色社会主义大道上，中国人民对自己的这一道路充满自信。中国特色社会主义道路的开辟，首先依赖于实践，是我们实践的成果。但是中国特色社会主义道路的开辟，也需要理论资源。不可否认，西方马克思主义是其中不可或缺的理论资源。现在有一些人总是喜欢把中国特色社会主义道路跟中国传统文化联系在一起，我认为我们这条道路的形成显然跟中国特色文化有密切联系，但中国共产党不是个儒家党，中国共产党的理论不是一种新儒学，不能把中国道路理论完全归结为中国特色文化对于中国特色文化，对中国道路的影响力，要有恰如其分的一个归纳。

第二，也有些人总喜欢把中国特色社会主义道路跟西方自由主义思潮连在一起；跟西方的新经济学连在一起。这有某种合理性。中国特色社会主义道路确实借鉴了许多西方理论，包括西方的新老自由主义、西方的市场经济理论，这是毫无疑问的。但是说中国特色社会主义道路完全建立在西方自由主义理这种情况下，你要走现代化道路，要让现代性降临中国，那么负面东西不可避免。西方马克思主义在这个地方有一个基本观点，他们对现代性的负面效应的揭露和批判，不是对现代性本身的批判。马克思从 1843 年开始，就开始批判现代性。一开始马克思主要批判现代性的理念和哲学，后来马克思主要是批判资本，把现代性批判归结为对资本的批判。所以马克思并不认为科学技术理性使人存在反面，认为是经济经营的方式——资本逻辑才带来了这样的后果。从启蒙走向反面，不具有必然性。如果有必然性的话，就是悲观主义。马克思不是对科学本质的批判，是对科学的应用的批判；不是对技术本身的批判，而是对技术应用的批判；不是对理性本身的批判，是对理性的应用的批判。所以马克思批判的是社会制度，批判的是生产方式和资本逻辑。西方马克思主义这点上看得很正确。这样就会得出结论，我们中国走现代化道路，接受现代性，完全有可能。我们找到使现代性走向反面的政治的社会根源，来消除使现代性产生负面效应的根源，让现代性展现最大的正面效应，让它的负面效应降到最低。我们中国走这条道路是可能的，理论上是站得住脚的。

所以马克思主义的现代性批判理论，西方马克思主义的现代批判理论依然十分重要。它实际上为我们认识中国社会主义这条道路的合理性和合法性提供了理论资源。

西方马克思主义的现代性批判理论是西方马克思主义理论体系中最有价值的理论。它的特点在于，它在激烈而愤怒地揭露在当代社会里现代性的负面效应时，并不全盘否认现代性对当代人的积极意义，并不把现代性的负面效应完全归结于是现代性本身逻辑发展的必然结果，并不希望现代人放弃对现代性目标的追求，而是要人们对现代性加以“治疗”。它努力地把物对人的统治追溯到人对人的统治，而不是把人对人的统治掩饰为物对人的统治。它深信，只要换一种社会制度，换一种社会组织方式，换一种价值观念，现代性理念以及作为这一理念具体实施的现代化运动完全有可能避免目前所出现的各种弊端。它强烈要求现代化运动不是与资本主义而是与社会主义结合在一起，提出了实现现代性的资本主义形式与社会主义形式之间的区别，这样它就对现代性以及现代化运动的负面效应的揭露和批判变成了对社会主义理想追求的必然性的论证。

中国特色社会主义道路已经取得了巨大的成就，但与此同时，也面临着一些难题和矛盾必须破解。西方马克思主义研究在当今中国的另一重大意义就是为破解这些难题和矛盾提供理论启示。

其一，西方马克思主义的市场社会主义理论，能为我们如何解决开辟中国道路必然面临的第一对矛盾，即人与人之间的矛盾——两极分化的日益加剧提供启示。我国选择了市场经济道路，我认为市场经济带来的弊端不是两极分化，这只是必然性。市场经济崇尚的是竞争，强者生存，弱者淘汰，这是它的基本规律。唯利是图在市场经济中是必然的现象。我们现在走市场经济道路，也必然面临两极分化的现象，面临人与人矛盾的加剧。如何破解这个矛盾呢？在西方马克思主义那里，有一个理论叫市场社会主义。这个理论形成比较早，但最近几十年在西方世界广为流传，我国的研究者对"市场社会主义"研究的兴趣与日俱增。

西方马克思主义主张的市场社会主义理论，认为解决两极分化的一个主要手段，就是把市场跟社会主义结合在一起。坚持社会主义的价值取向，把社会主义的价值取向和市场这种资源配置方式，有机地结合在一起。他们认为市场仅仅是起作用，是作为一种资源配置的方式，市场的作用是不可替代的。但这种配置方式，一定要跟社会主义的价值取向结合在一起。那么能不能结合在一起？后来他们在北欧的一些国家作了一些实践，有成功，也有失败的，他们得出的结论是可以的。这就是他们开辟了市场社会主义道路。我们叫做社会主义市场经济。这是另外一种表述。这给我们认识当今中国的两极分化一个重要的启示。当今中国两极分化的原因究竟在哪里？不能离开劳动跟资本的关系来论述社会的两极分化。我们很多人否认这个矛盾。现在中国经济的运行方式，在很大程度上还是马克思说过的劳动与资本的关系，一部分人钻研生产资料，一部分人利用劳动力，靠出卖劳动力跟生产资料结合在一起形成的一种生产方式。由于一些社会财富在生产资料的占有上，跟出卖劳动力之间的分配不合理造成两极分化。但是必须指出，我们现在劳动跟资本的关系与马克思主义的资本主义社会劳动的基本的关系是具有原则性的区别。那个是对立的阶级关系，我们是资本与劳动之间的矛盾与不平衡的关系。市场社会主义者他们的高明之处就在于，他们既认定在市场社会主义条件下，两极分化的现象还是劳动中资本的关系中造成的，但是又反对马克思在《资本论》当中通过革命斗争的手段来解决劳动跟资本的关系。那么如何解决两者的关系？他们往往是依靠社会、国家的力量来加以调控，他们特别重视宏观调控，在市场之外，还要国家的调控。所以市场社会主义理论对我们提供了启示。

其二，西方马克思主义的生态社会主义理论，能为我们如何解决开辟中国道路必然面临的第二对矛盾，即人与自然之间的矛盾提供启示。现在大家都认为，生态问题是个社会的重大问题，必须解决。那么，当今中国乃至世界生态问题产生的根源及其解决路径在哪里？解决难点在哪里？生态社会主义理论对我们有不少启示。我认为生态社会主义反对的三种理论是有道理的。

第一种理论，笼统地把生态危机归结为主要是由于人的思想观念出了问题。由于人对自然不友好、不讲道德，所以导致了生态危机。所以他们给出的思路是，要借生态伦理学改变人对自然的观点，把自然当作伙伴朋友。生态社会主义对这个思想是反对的，认为不可能依靠思想道德理念，来解决道德问题。依靠人的道德观念的变革来改变人和自然的关系，这是一种幻想，可能起点作用，但不能根本解决问题。第二种理论，有些人认为，生态文明主要是由科学技术不发达带来的。所以要通过解决新的科学技术，搞替代能源。科学技术改变世界是重要的，科学技术的本性是中性的，它可以用来保护自然，也可以伤害自然。第三种理论，改变生态危机主要是通过市场手段，要把所有的自然资源来都挪到市场。人们呼吸空气、享受大自然也要付钱。这样自然就得到保护了吗？这当然是天方夜谭。

西方马克思主义理论家对这些东西都是反对的，他们认定生态危机的根源在于资本逻辑。他们论证了资本跟生态之间的天然对立。因为资本的本性是追求利润，而且追求利润稳定化。如果这个社会的组织方式、生产方式以最有利润为出发点为归宿，哪里来生态保护？如果这个的社会生产主要是为了交换价值，而不是为了使用价值而生产，那么最后结果是什么？所以生态马克思主义认定，造成生态危机的主要根源是资本逻辑。生态马克思主义的高明也在这个地方。他们认为在这个问题上要保护大自然，要限制资本，要使整个社会的生产围绕在满足人类正常的需要而展开。但人类现在做得到吗？做不到，因为人的目标是多元的。我们既要保护生态环境，我们又要丰富的物质生活。丰富的物质生活从表现来看，除了市场之外没其他道路可以走。所以人类现在陷入了一种发展与利用资本、限制跟超越资本之间的两难困境。西方马克思主义在研究生态问题的时候就把这种困境活灵活现地展示出来。为摆脱这个困境，他们也做了很多探索，基本的思路就是要走一条以生态为导向的现代化道路。所以党的十九大上习近平总书记在报告中提出，我们要建设的现代化是人与自然和谐共生的现代化。在利用资本和限制资本之间保持某种战略，这就是中国特色社会主义要解决的一个难题。

其三，西方马克思主义关于人的存在方式的理论，能为我们如何解决开辟中国道路必然面临的第三对矛盾，即人自身内部身、心之间的对立，人的单向度的日益加剧提供启示。实际上我们在面临人与人、人与自然矛盾的同时，我们人面临的更大的矛盾是人自身内在的矛盾，就是人自身内在的身心直接的对立，就是人对物质的追求和对其他心理的、精神的、文化的追求之间的对立，人越来越成为单向的人。这种危险和危机严重存在。因为20世纪下半叶以来，整个人类都陷入了消费主义为核心的生活道路。这条道路，就是以最大限度的消费为人生的目的和宗旨。那么西方马克思主义从它形成开始，特别是从20世纪后半叶以来，对这种消费主义为核心的这种方式就展开了持久的批判。他们认为这种生活方式以最大限度消费、最大限度占有作为生活方式，而不是以人的生存来作为生活方式。

西方马克思主义理论家对马克思的人道主义思想的阐述，最有价值之处一是揭示了马克思对人的本质规定的全面性，即揭示出马克思不管从什么样的角度去规定人的本质，马克思总把人理解成是具有无限丰富性的总体的人；二是与此相应揭示了马克思总是全面地、整体地论述人的异化，即揭示出马克思所看到的人的异化总不是某一方面的异化而是整体的异化；三是由此出发进一步揭示了马克思所理解的人的发展的第一个要求就是它的全面性，即揭示出马克思所说的人的发展是使人的各个方面、各个层次兼容并包地、相互协调地得以发展。因此，要创造一种真正体现人的价值的新的存在方式。西方马克思主义对于这种新的存在方式。作了系统的、全面的探讨。人究竟如何活在世界上？他们提出了问题。尤其到了21世纪以后，人要不要换一种活法，他们的结论是人必须要换一种活法，不能像现在这样活下去。习总书记在党的十九大报告中讲，人民群众对美好生活的追求。所以我们把人的美好生活作为追求的目标，实际上是把人的新的存在的方式作为我们的目标。什么叫做美好生活？肯定是符合人的本性。这里边劳动、消遣、休闲、爱情、交往等等，都占有重要的位置，包括自由而全面的发展。所以我理解习总书记讲的对美好生活的追求，已经体现了马克思为未来共产主义社会的设想：自由而全面的发展。中国对未来人类的贡献，可能不仅仅是在中国这个大地上创造更多的物质财富，成为第一大经济体，更主要的是在中国这个古老大地上能够创造出新的人的存在方式，这也就是在中国大地上为人类创建了一种新的文明。我认为西方马克思主义“存在方式”的理论，为我们创建这种新的文明，为我们追求美好生活提供很多理论启示。

西方马克思主义理论资源有很多，我今天主要讲这三点。

最后，做两点说明。第一点，因为我今天主要是讲启示，对西方马克思主义的很多负面东西，对它的批判我今天没有着重讲。第二点，我要说明的是，我是大学里面一个研究马克思主义多年的学者，我对马克思主义具有崇高的信仰，但我不是因为有政治上的需要或者有其他的需要才讲马克思，我是出于对理论的追求、对理论的理解，才产生这样的信仰。所以可能今天我讲的有些内容、观点不太正确，但我讲的是真诚的，欢迎大家批评指正。谢谢大家！

郝振省： 下面按照惯例，我对今天的讲座做一个小结。

陈教授一开始讲到西方马克思主义的主要特征，特别是讲到西方马克思主义理论家通过和第二国际的理论家、第三国际的理论家和第四国际理论家的斗争和辩论。在关于哲学基本问题的讨论中，西方马克思主义的理论家强调，马克思主义哲学是主客体相统一的实践哲学，主要的特征是实践性、历史性和总体性。

在关于资本主义是改良还是革命的问题上。西方马克思主义的理论家认为对当代资本主义还是要持一种革命的态度。我觉得这表明了西方马克思主义对马克思主义思想精髓的长期坚守。

第二，陈教授讲到了美国与西方金融危机以来西方马克思主义的新趋向。比方说为左翼理论注入了新的活力，比方说马克思主义正在经历从传统向后现代的逻辑转换等等。我觉得可以理解为西方马克思主义不仅在坚守马克思主义的思想精髓，还在尽可能多的领域弘扬和主张马克思主义的参与精神、实践精神、批判精神、革命精神、开放精神。

第三，陈教授讲到西方马克思主义在中国的意义。主要分为历史三个时期：第一个时期，西方马克思主义主要是促进思想解放，打破教条主义。第二个时期，主要是为我们增强马克思主义信念带来了强大的思想资源。第三个时期，主要是现代性批判理论的成果，为我们中国社会主义道路提供了重要的理论资源。我觉得这个非常重要。

陈学明教授在这短短的两个小时中，为我们介绍了西方马克思主义的主要特征以及金融危机后研究问题的新趋向，阐发了它对中国特色社会主义建设的价值和意义，对西方马克思主义的来龙去脉、代表人物、主要理论观念以及政治主张作了非常全面的讲解。这对于我们有分析地批判地借鉴西方马克思主义，开辟中国化的马克思主义新境界，对于提高我们自己的理论素质，办好我们自己的事情，是十分必要、也是正当其时的。让我们再一次用热烈的掌声感谢陈教授厚重、精彩的演讲。

（本文根据陈学明 2018 年 4 月 21 日在中央和国家机关“强素质·作表率”读书活动2018年第4期主题讲坛上的讲座内容整理）

主讲人：谭铁牛

谭铁牛，湖南茶陵人。2007 年任中科院副秘书长，2012 年任中科院副秘书长兼国际合作局局长，2015 年任中科院副院长，2016 年底调任中央政府驻香港联络办副主任。是中国科学院院士、英国皇家工程院外籍院士、发展中国家科学院（TWAS）院士以及巴西科学院外籍院士。

主要从事图像处理、计算机视觉和模式识别等人工智能领域的研究，已出版编著和专著 11 部，并在主要的国内外学术期刊和国际学术会议上发表论文 500 多篇，获准和申请发明专利 100 多项。现任中国图像图形学学会理事长、中国人工智能学会副理事长。

党的十六大、十七大、十八大、十九大代表，十三届全国政协常委。

人工智能：天使还是魔鬼？

人工智能：天使还是魔鬼？

郝振省：同志们、朋友们，大家上午好！今天是2018年第5期，总排序第109期中央和国家机关“强素质·作表率”读书活动主题讲坛，我们为大家特别邀请到中国科学院院士、中国科学院原副院长、现中央人民政府驻香港特别行政区联络办公室副主任谭铁牛教授。大家欢迎他！

谭铁牛教授演讲的题目是“人工智能：天使还是魔鬼？”今天，相关部委的领导同志和我们大家一起来聆听谭铁牛教授的主题演讲，对他们的前来我们表示感谢！

近几年人工智能是一个热词。我们经常看的报纸，如《人民日报》《光明日报》《文汇报》《中国日报》《学习时报》《北京晚报》《新京报》《人民政协报》，上面几乎每天都有关于人工智能的新闻或者消息。我们认为人工智能之成为热词，与国际社会在人工智能领域激烈、甚至白热化的竞争有着直接的因果关联；与人工智能发展的国家战略规划有直接的因果关联；与党的十九大报告中提出的推动互联网、大数据、人工智能与实体经济深度融合的伟大历史任务有直接的因果关联。

我昨天看到欧盟的一位副主席讲，人工智能正在改变世界，就像当年的蒸汽机和电力改变世界一样。我觉得这句话讲得有道理。在这种形势下，作为中央和国家机关的司处级领导干部，很有必要改变我们对人工智能问题碎片化的、平面化的、残缺不全的、甚至相互矛盾的认知，进而获得一种相对理性的、全面的、本质的了解和把握。这就是我们今天邀请谭铁牛院士讲解这个问题的初衷。

谭铁牛院士主要从事图像处理、计算机视觉和模式识别等相关领域的研究，他还是中国人工智能学会副理事长、中国图像图形学学会理事长，英国皇家工程院外籍院士，发展中国家科学院院士，发表了许多重要学术论文。曾获国家技术发明二等奖、国家自然科学二等奖和国家科学技术进步二等奖各1项。这次谭院士是专程从香港返回北京来做这次演讲的，让我们以热烈的掌声欢迎他开讲！

人工智能是近些年来最受关注同时也是富有争议的科技领域之一。任何高科技都是一把双刃剑，人工智能也不例外。一方面“天使派”认为，人工智能领域的科技创新和成果应用取得了重大突破，有望引领新一轮技术和产业革命，对社会、经济、军事等领域将产生变革性影响，在制造、交通、教育、医疗、服务等方面可以造福人类；另一方面“魔鬼派”认为，人工智能是对人类的重大威胁，甚至比核武器还危险。2018年2月21日，牛津大学、剑桥大学和OpenAI公司等14家机构共同发布《人工智能的恶意使用：预测、预防和缓解》报告，指出人工智能可能给人类社会带来数字安全、物理安全和政治安全等潜在威胁，并给出了一些建议来减少风险。

为了客观认识人工智能的本质内涵和来龙去脉，本报告试图通过介绍人工智能的基本概念、发展历程、发展现状和未来趋势，揭示人工智能的真实面貌。

一、人工智能的基本概念和发展历程

1956 年夏季，麦卡锡、明斯基、罗切斯特和香农等科学家在美国达特茅斯学院（Dartmouth College）开会研讨“如何用机器模拟人的智能”，首次提出“人工智能”这一概念，标志着人工智能学科的诞生。人工智能的目标是模拟、延伸和扩展人类智能，探寻智能本质，发展类人智能机器。

人工智能充满未知的探索道路曲折起伏，如何描述从 1956 年以来的 60 多年人工智能发展历程，在学术界可谓仁者见仁智者见智。我们将人工智能 62 年的发展历程划分为以下六个阶段：

1. 起步发展期：1956 年—20 世纪 60 年代初

人工智能概念在 1956 年首次提出后，相继取得了一批显著的成果，如机器定理证明、跳棋程序、LISP 表处理语言等，掀起了人工智能发展的第一个高潮。

2. 反思发展期：20 世纪 60 年代初—20 世纪 70 年代初

人工智能发展初期的突破性进展大大提升了人们对人工智能的期望，科学家开始尝试更具挑战性的人工智能项目。但是接二连三的失败和预期目标的落空（例如机器无法证明两个连续函数之和还是连续函数、机器翻译闹出笑话等），使人工智能的发展走入低谷。

3. 应用发展期：20 世纪 70 年代初—20 世纪 80 年代中

20 世纪 70 年代出现的各类专家系统实现了人工智能从理论研究到实际应用的重大转变，从一般思维规律探讨走向专门知识运用的重大突破，人工智能的应用发展出现新的高潮。

4. 低迷发展期：20 世纪 80 年代中—20 世纪 90 年代中

随着人工智能的应用规模扩大，专家系统本身所存在的应用领域狭窄、缺乏常识性知识、知识获取困难、推理方法单一、没有分布式功能、不能访问现存数据库等问题逐渐暴露出来。

5. 稳步发展期：20 世纪 90 年代中—2010 年

由于网络技术特别是互联网技术的发展，信息与数据的汇聚不断加速，互联网的应用不断普及，推动人工智能研究不断创新，促使人工智能更加走向实用化。1997 年，IBM 的深蓝超级计算机战胜了国际象棋世界冠军卡斯帕罗夫，2008 年 IBM 提出“智慧地球”的概念。

6. 蓬勃发展期：2011 年至今

随着大数据、云计算、互联网、物联网等信息技术的发展，泛在感知数据和 GPU（图形处理器）等计算平台推动以深度神经网络为代表的人工智能技术成功跨越科学与应用之间的“技术鸿沟”，图像分类、语音识别、知识问答、人机对弈、无人驾驶等具有广阔应用前景的人工智能技术，突破了从“不能用、不好用”到“可以用”的技术拐点，人工智能发展进入爆发式增长的红利期。

二、人工智能发展现状

人工智能经过 60 多年的发展，理论、技术和应用都取得了重要突破，已成为推动新一轮科技和产业革命的驱动力，深刻影响了世界经济、政治、军事和社会发展，日益得到了世界各主要国家政府部门、产业界和学术界的高度关注。

1．专用人工智能取得重要突破，但是人工智能总体发展水平仍处于起步阶段

从可应用性看，人工智能大体可分为专用人工智能和通用人工智能。面向特定领域的人工智能技术（即专用人工智能）由于任务单一、应用背景需求明确、领域知识积累深厚、建模计算简单可行，因此形成了人工智能领域的单点突破，在局部智能水平的单项测试中可以超越人类智能。人工智能的近期进展主要集中在专用智能领域，例如 AlphaGo 在围棋比赛中战胜人类冠军李世石和柯洁，人工智能程序在 ImageNet 图像识别和 LFW 人脸识别中达到了超越人类的水平，微软语音识别系统 5.1% 的错误率比肩专业速记员。

人的大脑是一个通用的智能系统，能举一反三、融会贯通，可处理视觉、听觉、判断、推理、学习、思考、规划、设计等各类问题，可谓“一脑万用”。真正意义上完备的人工智能系统应该是一个通用的智能系统。通用人工智能研究与应用刚刚起步，依然任重道远。

人工智能系统的能力维度可分为信息感知（Perceiving）、机器学习（Learning）、概念抽象（Abstracting）和规划决策（Reasoning）。目前人工智能系统在信息感知和机器学习方面进展显著，但是在概念抽象和规划决策方面能力还很薄弱。总体上看，目前的人工智能系统可谓有智能没智慧、有智商没情商、会计算不会“算计”、有专才无通才。人工智能还有很多不能。

2. 统计学习成为人工智能走向实用的理论基础

近些年来，深度学习、强化学习、对抗学习等统计机器学习理论在计算机视觉语音识别、自然语言理解、人机博弈等方面取得显著成果。例如通过深度神经网络的应用创新，国际计算机视觉竞赛 ImageNet 图像分类的 Top 5 误差率从 2012 年的 16% 降到了 2017 年的 3% 左右。在人机博弈方面，《Nature》在 2016 年和 2017 年分别发表了关于 AlphaGo 和 AlphaGo Zero 的论文，其中 AlphaGo Zero 不依赖人类知识，通过强化学习算法完胜 AlphaGo，探索了特定应用中不依赖外部数据和知识的人工智能技术发展新路线。

3. 人工智能技术生态建设备受重视

人工智能技术生态包括数据平台、开源算法、计算芯片、基础软件、GPU 服务器、垂直应用等。全球科技巨头如 Google、IBM、Microsoft、Facebook 等企业积极推动自主研发 AI 技术的生态建设，抢占人工智能相关产业制高点。目前人工智能算法、数据、GPU/TPU/NPU（图形处理器 / 张量处理器 / 神经网络处理器）计算、运行 / 编译 / 管理等基础软件已有大量开源资源，例如 Google 的 TensorFlow、Facebook 的 Torchnet、

Microsoft 的 DMTK、IBM 的 SystemML 等。Google、IBM、英伟达、Intel、中科院都在积极布局人工智能领域的计算芯片。例如 IBM 的 TrueNorth 芯片模拟人脑神经网络设计，数据处理能力已经相当于包含 6400 万个神经细胞和 160 亿个神经突触的类脑功能，已经开始在超级计算机和美国空军应用。

4. 人工智能创新创业如火如荼

全球产业界充分认识到人工智能技术引领新一代科技产业发展的重大意义，比如 2017 谷歌 I/O 大会明确提出发展战略从"Mobile First（移动先行）"转向"AI First（人工智能先行）"，微软 2017 财年年报首次将人工智能作为公司发展愿景。人工智能领域处于创新创业的前沿，麦肯锡报告显示 2016 年全球人工智能研发投入超 300 亿美元并处于高速增长状态，CB Insights 报告显示 2017 年全球新成立人工智能创业公司 1100 家，人工智能领域共获得投资 152 亿美元，同比增长 141%。

5. "智能 +"成为人工智能应用的创新范式

"智能 +"创新范式是指人工智能技术向创新性的消费场景和不同行业快速渗透融合并重塑整个社会发展，也为人类社会交通、医疗、教育、安防等领域带来普惠服务，这是人工智能作为第四次技术革命关键驱动力的最主要表现方式。例如，智能手机——华为 Mate10 搭载人工智能领域的深度学习芯片；智能交通——Google 自动驾驶汽车已经在公路上行驶了 640 万公里；智能医疗——2016 年 Google 检测糖尿病诱发的视网膜病变；智能安防——视频中行人和车辆属性分析的结构化技术已经广泛应用于我国公共安全领域的反恐维稳、雪亮工程；等等。

6. 人工智能加速成为国家战略

人工智能将成为新一轮产业革命的引擎，必将深刻影响国际产业竞争格局和一个国家的国际竞争力。世界主要发达国家纷纷把发展人工智能作为提升国家竞争力、维护国家安全的重大战略，加紧积极谋划政策，围绕核心技术、顶尖人才、标准规范等强化部署，力图在新一轮国际科技竞争中掌握主导权。例如人工智能成为德国“工业 4.0”、美国“工业互联网”、日本“超智能社会”、“中国制造 2025”等重大国家战略的核心技术。2017 年 7 月 20 日，国务院发布了《新一代人工智能发展规划》，开启了我国人工智能快速创新发展的新征程。

7. 人工智能的社会影响得到广泛关注

2017 年 11 月，《Nature》文章《Four Ethical Priorities for Neuro-technologies and AI（4 个神经科技与人工智能带来的问题）》提出人工智能和脑—机接口必须尊重和保护人的隐私、身份认同、能动性和平等性等问题。2017 年 1 月，在美国加州召开阿西洛马会议，近千名人工智能和机器人领域的专家联合签署了《阿西洛马人工智能 23 条原则》（Asilomar AI Principles），呼吁保障人类未来的伦理、利益和安全。2018 年，来自澳大利亚、美国、日本等 30 多个国家和地区的研究人员签署公开信，敦促韩国科学技术院停止对 AI 武器的研发。

8. 人工智能领域的误解和炒作普遍存在

由于人工智能与人类智能密切关联且应用前景广阔，专业性又很强，容易造成人们的误解，也带来了不少炒作。例如，有些人错误地认为人工智能就是机器学习（深度学习），人工智能与人类智能是零和博弈，人工智能已经达到 5 岁小孩的水平，人工智能系统的智能水平即将全面超越人类水平，30 年内机器人将统治世界，人类将成为人工智能的奴隶，等等。这些错误认识会给人工智能的发展带来不利影响。还有很多人对人工智能预期过高，以为通用智能很快就能实现，只要给机器人发指令就可以干任何事。另外还存在有意炒作，要通过包装人工智能概念来谋取不当利益。一些地方不切实际一窝蜂地发展人工智能产业，“一拥而上、一哄而散”的跟风行为不利于人工智能的可持续发展。因此，科学家有义务向社会大众普及人工智能知识，引导政府、企业、民众科学客观地认识和了解人工智能。

三、人工智能的未来发展趋势

当前人工智能处于从“不能用”到“可以用”的技术拐点，但是距离“很好用”还有数据、能耗、泛化、可解释性、可靠性、安全性等诸多瓶颈，理论创新和产业应用发展空间巨大。总体而言，人工智能的发展趋势是理论更完备、技术更先进、产业更繁荣、应用更广泛、法规更健全。

1. 从专用智能到通用智能

如何实现从狭义或专用人工智能（弱人工智能，具备单一领域智能）向通用人工智能（强人工智能，具备多领域智能）的跨越式发展，既是下一代人工智能发展的必然趋势，也是国际研究与应用领域的挑战问题。2016 年 10 月美国国家科学技术委员会（NSTC）发布了《国家人工智能研究与发展战略计划》，提出在美国的人工智能中长期发展策略中要着重研究通用人工智能。DeepMind 创始人 Demis Hassabis（戴密斯 · 哈萨比斯）提出朝着“创造解决世界上一切问题的通用人工智能”这一目标前进；微软在 2017 年 7 月成立了包括 100 多位感知、学习、推理、自然语言理解科学家的通用人工智能实验室。

2. 从机器智能到人机混合智能

机器智能的一个重要研究方向就是借鉴脑科学和认知科学

的研究成果，研究从智能产生机理和本质出发的新型智能计算模型与方法，实现具有脑神经信息处理机制和类人智能行为、智能水平的智能系统。在美国、欧盟、日本等国纷纷启动的脑计划中，类脑智能已成为核心目标之一。英国工程与自然科学研究理事会（EPSRC）发布了“A Strategy Roadmap for Human-like Computing（类人计算战略路线图）”并启动类脑智能研究计划。

人机混合智能旨在将人的作用或认知模型引入到人工智能系统中，提升人工智能系统的性能，使人工智能成为人类智能的自然延伸和拓展，通过人机协同更加高效地解决复杂问题。人机混合智能得到了我国新一代人工智能规划、美国脑计划、Facebook的“脑机语音文本界面”、埃隆·马斯克（Elon Musk）的人脑芯片嵌入和脑机接口计划等的高度关注。

3. 从“人工+智能”到自主智能系统

当前人工智能的主要研究集中于深度学习，但是深度学习的瓶颈是“智能”来自于“人工”：人工设计深度神经网络模型、人工设定应用场景、人工采集和标注大样本训练数据、用户需要人工适配智能系统等。因此已有科研人员开始关注减少人工干预的自主智能方法，提高机器智能对环境的自主学习能力。例如AlphaGo Zero从零开始，通过自我对弈强化学习实现围棋、国际象棋、日本将棋的“通用棋类AI”。在人工智能系统的自动化设计方面，2017年谷歌提出的AutoML试图通过自动创建机器学习系统降低AI人员成本。

4. 人工智能产业将蓬勃发展

随着人工智能技术的进一步成熟以及政府和产业界投入的日益增长，全球人工智能产业规模在未来十年将进入高速增长期。例如，我国发布的《新一代人工智能发展规划》就提出，到 2030 年，人工智能核心产业规模超过 1 万亿元，带动相关产业规模超过 10 万亿元。人工智能的产业生态构建成为竞争制高点。在未来的布局中，谁能够占据人工智能的产业生态，谁就将在竞争中占据有利地位。以人工智能模型创新为源头，以算法、数据和计算开源为途径，以与领域和行业的快速渗透和颠覆为呈现的人工智能技术和产业生态将会形成。

5. 人类将进入普惠型智能社会

“人工智能 +X”的创新模式将随着技术和产业的发展日趋成熟。人工智能在未来将与社会生产生活的各个行业紧密结合，将重塑整个社会发展。我国经济社会转型升级对人工智能有重大需求，在消费场景和行业应用的需求牵引下，需要打破人工智能的感知瓶颈、交互瓶颈和决策瓶颈，促进人工智能技术与社会各行各业的融合提升，建设若干标杆性的应用场景创新，实现低成本高效益广范围的普惠型智能社会。

6. 人工智能的法律法规将更为健全

世界各国都将制定完善的人工智能法律法规，甚至在立法方面开展合作。2017 年 9 月，联合国犯罪和司法研究所（UNICRI）决定在海牙成立第一个联合国人工智能和机器人中心，规范人工智能的发展。2018 年 4 月 10 日，欧洲 25 个国家签署了《人工智能合作宣言》，从国家战略合作层面来推动人工智能发展，确保欧洲人工智能研发的竞争力，共同面对人工智能在社会、经济、伦理及法律等方面的机遇和挑战。

7. 人工智能将成为更多国家的战略选择

2018 年 3 月 29 日法国发布人工智能发展战略，旨在推动法国成为人工智能领域的全球领先国家之一。俄罗斯总统普京也表示，掌握人工智能的国家将成为“世界的统治者”。

8. 人工智能教育将会全面普及

国务院《新一代人工智能发展规划》指出，要支持开展形式多样的人工智能科普活动，全面提高全社会对人工智能的整体认知和应用水平。

四、结论

人工智能经过 60 多年的发展已取得了重大进展，但总体上还处于初级阶段。人工智能既具有巨大的理论与技术创新空间，也具有广阔的应用前景。高科技本身没有天使与魔鬼之分，人工智能亦是如此。人工智能这把双刃剑是天使还是魔鬼取决于人类自身。我们应未雨绸缪，形成合力，确保人工智能的正面效应，确保人工智能造福于人类。

郝振省：同志们，按照惯例，我对今天的讲座做一个小结。

谭院士一开始给我们讲了三个问题：第一，讲了人工智能的概念是1956年提出的，它和计算机的历史是直接相关的。人工智能的发展过程，大概是60多年，可划分为六个阶段。其中既有起步，也有反思；既有上升也有低迷，更有稳步和蓬勃发展期。我们觉得人工智能发展正像谭院士讲的，给予科学家对未知领域强烈的探求兴趣，以及社会需求的不断显现。它的发展显然不是一帆风顺的，其中的困难有时无法想象。正是一代代科学家锲而不舍的坚守与投入，当然还有社会需求的不断拉动，造成了今天人工智能比较繁荣的景象。

第二，谭院士讲到了人工智能的发展现状。讲到了以深度神经网络为代表的人工智能技术成功地跨越了科学与应用之间的鸿沟，在图像分类、语音识别、知识问答、人机对弈、无人驾驶等领域实现了应用。特别是在专用人工智能领域，最新的、运用人工智能技术的机器人，已经能像人一样躲避障碍物了；还有AlphaGo已战胜人类围棋冠军。可以说人工智能的科技成果在一些领域已超越了人类的水平，在智能手机、智能交通、智能医疗和智能安防领域已经得到了广泛应用。谭院士还讲到我国在人工智能领域的创业创新正如火如荼地展开，讲到人工智能是第四次技术革命的引擎。恩格斯说，科学是一种在历史上起推动作用的、革命的力量。我觉得就是因为科学是生产力，所以它才应该是决定的力量。统计和学习是人工智能的理论基础，强化算法是人工智能显示神奇威力的基本路径。正是在大数据、云计算、互联网、物联网等信息技术的支撑下，人工智能才能够实现深度学习、强度学习、穷尽算法、完善算法。所以如果我们充分理解了人工智能的本质特征和它的实现路径，你就会发现对人工智能发展的担心，是没有必要的。

第三，谭院士讲到了目前国内人工智能发展的状态和与国际领先水平的差距，特别讲到人工智能未来的发展趋势。既然机器人的本质特征是机器是工具，而不是人，它实现的手段无非就是深度学习、强度学习、穷尽算法、完善算法等等，压根不存在什么天使和魔鬼的问题。从“机器智能”到“人机混合”，从“人工＋智能”到“自主智能”的巨大转变，人工智能产业未来将蓬勃发展，人类将进入一个普惠型智能社会。

“人工智能”作为第四次技术革命的引擎，我们对它的发展充满信心。我觉得谭院士今天的讲座帮助我们运用马克思主义的认识论和辩证法，来理性地对待人工智能、发展人工智能，是非常有意义的事情，让我们大家再一次感谢谭院士！

（本文根据谭铁牛2018年5月26日在中央和国家机关“强素质·作表率”读书活动2018年第5期主题讲坛上的讲座内容整理）

主讲人：程恩富

程恩富，中国社会科学院学部委员、学部主席团成员兼马克思主义研究学部主任，中国社会科学院大学学术委员会副主任兼首席教授、博士生导师，中国社会科学院习近平新时代中国特色社会主义研究中心学术指导委员；全国人大教科文卫委员会委员；中央马克思主义理论研究和建设工程首席专家。

主要从事马克思主义理论与中外政治经济学的研究和教学。在《中国社会科学》《求是》《人民日报》《光明日报》《经济日报》，美国《每月评论》和《科学与社会》，日本《经济理论》等海内外报刊发表600多篇文章，独著和合编40多本（套）书。首创政治经济学“五过程法”新体系和大文化经济学体系，领衔改革的政治经济学课程被评为国家精品课程；独创性地提出和论证了“新经济人论”“公平与效率交互同向变动论”“知识产权优势论”“当代经济基本矛盾论”“社会主义三阶段论”等一系列理论和政策思路。

用习近平经济思想统领新时代经济论争

用习近平经济思想统领新时代经济论争

郝振省：同志们、朋友们，大家上午好！今天是2018年第6期，总排序第110期中央和国家机关"强素质·作表率"读书活动主题讲坛。我们为大家特别邀请到了中国社会科学院学部委员、学部主席团成员兼马克思主义研究学部主任、中央马克思主义理论研究和建设工程首席专家程恩富教授，大家欢迎他！

今天程教授主讲的题目是"用习近平经济思想统领新时代经济论争"。相关部委的领导同志一如既往地与我们一同聆听程教授的演讲。

同志们，组织今天的主题读书讲坛，我们主要有三点考虑：第一点是贯彻党的十九大精神的需要。从党的十一届三中全会以来，经济建设始终是我们党和国家的工作重心，党的基本路线首先就是以经济建设为中心。在党的十九大报告中，再次强调要牢牢坚持党的基本路线，这是党和国家的生命线。党的十九大报告在总结过去五年历史性成就和历史性变革的时候，第一条就是经济建设取得重大成就。在讲到决胜全面建成小康社会，描绘全面建设社会主义现代化国家宏伟蓝图的时候，第一条就是贯彻新发展理念，建设现代化的经济体系，这实际上是贯彻党的十九大精神的需要。第二点是我们课程安排的需要。经济问题一直是中央和国家机关"强素质·作表率"读书活动的重要板块，我们很注意政治、经济、历史、文化、科技之间的平衡。第三点是党的十九大上确立了"习近平新时代中国特色社会主义思想"，紧接着中央经济工作会议上明确了"习近平新时代中国特色社会主义经济思想"，应该说"习近平新时代中国特色社会主义经济思想"既源于中国经济建设发展的实践，又指导着中国经济在新时代进一步的发展和深入实践，是当代马克思主义政治经济学理论的重大创新。应该说学习研究"习近平新时代中国特色社会主义经济思想"，对我们更为自觉地贯彻党的十九大精神，做好本职工作，有很强的针对性和现实性。

就习近平经济思想研究而言，程恩富教授是国内重量级的权威专家之一，担任中国经济规律研究会会长、世界政治经济学学会会长等重要职务，在海内外报刊发表了600多篇文章，还独著或合编出版了40多本相关专著。在这些文章和著述中他提出了一系列的创新性的见解，还曾经就经济理论和经济问题在中央政治局集体学习会上进行过讲解。现在让我们热烈欢迎程恩富教授开讲！

我们知道，中央经济工作会议在2017年底召开时正式提出的第一个思想，就是“习近平新时代中国特色社会主义经济思想”。当时我在《光明日报》有一文是强调以“五大发展理念”为核心的经济思想。今年在“纪念马克思诞辰200周年大会”上，习总书记提到要学习和实践马克思主义关于生产力和生产关系的思想，所以今天我就是围绕习近平总书记关于生产力和生产关系的理论来进行解读。

生产关系在马克思的著作里面也叫经济制度，我们现在讲的经济改革、体制改革也属于广义的制度范围，即生产关系就是经济制度。下面联系国内外的论争和大家关心的问题，联系马克思相关的理论来做一些探讨性的讲解。

一、关于科技引领的生产力发展

马克思高度重视生产力，邓小平讲的“科学技术是第一生产力”也来源于马克思的著作。生产力是一个系统，这个系统里面有三大实体要素，在《资本论》里马克思就论证了劳动力、劳动资料和劳动对象这三大实体性要素。除了这三大实体性要素之外，实际上还有几个渗透性要素，比如说科技、管理、教育等等，这些都渗透在三大实体性要素之中。“科学技术是第一生产力”渗透到劳动者，就是说每个劳动者掌握的科学技术水平不一样；渗透在劳动工具中间，就是劳动工具的科技含量不同，如现在发明智能化生产工具；渗透在劳动对象里面，就是土地等劳动对象的科技含量不同，如土地有肥沃程度的区别等。管理就是怎么把这三个实体性要素高效有机地结合起来。现在我们强调生态文明，其实学术界早就有依据马克思的论述来概括的生产力内有“三力”，一是劳动力，二是自然力，三是科技力。这又是从另外一个角度来概括生产力系统，因而生产力的内容还是比较丰富的。我们中国独创了一门学科叫生产力经济学，国外是没有的。

习近平新时代中国特色社会主义经济思想继承和发展了马克思的相关经济思想，提出要坚持解放和发展社会生产力，科技创新是引领发展的第一动力，必须破除体制机制障碍，使创新成果更快转化为现实生产力；强调人才是创新的根基，创新驱动实质上是人才驱动，要择天下英才而用之，集聚一批站在行业科技前沿、具有国际视野和能力的领军人才；指出关键核心技术是国之重器，最关键最核心的技术要立足自己研发、自主创新、自立自强，而市场换不来核心技术，有钱也买不来核心技术，应扭转“造不如买、买不如租”的传统观念，而自主创新也不是都关起门来搞研发，要坚持开放创新，正确处理原始创新、集成创新与引进消化再创新之间的关系。

我国现代化建设目标十分明确，就是到2050年建成世界科技创新强国。没有人否定生产力要发展，也没有人否定科技重要，但是对它的重要性、紧迫性的程度有争论。我从1999年开始关注中国是不是世界工厂这个国内外热议的问题。什么叫世界工厂？我研究的结论是，当时中国不是世界工厂，而只是世界加工厂。真正的世界工厂是什么呢？只有在大量核心技术上掌握了自主知识产权的国家，才是真正的世界级工厂。比如说历史上最早的英国，后来的德国、美国、日本，包括苏联过去的自主创新都是很多的。现在我仍然主张要超越西方经济学中的比较优势和20世纪90年代美国波特教授提出的综合竞争优势。因为他提出由六七个变量构成的一个竞争优势，但主要矛盾和变量不突出。我并没有否定比较优势有一定道理。我国原来生产鞋帽等一般日用品，这些低端附加值的商品还要不要生产呢？可以生产出口，但作为国家的主要发展目标，就绝不能限于资源禀赋的比较优势。

在上世纪90年代末我看到一位国外的经济学家，他提到发展中国家要防止陷入"比较优势陷阱"。我决定写进《现代政治经济学》教科书，2000年上海财大出版社出版的。这样就有不同的思路了，我们是要防止陷入比较优势陷阱，还是要防止陷入所谓"自主创新陷阱"？自主创新陷阱的意思是说自主创新成本收益有时候不合算。那么我们怎么来评论这个观点呢？成本收益肯定是要算的，但问题在于怎么算？是单项成本和单项收益的短期算，还是长期算？是不考虑整体效应、溢出效应、带动其他技术和产业发展的单项技术单算，还是综合相关技术和产品一起算？只要这样来讨论问题，就可以轻而易举地判定"自主创新陷阱"的论据有片面性。成本收益要算，但不是单项算，而是相关的技术和产品一起算；不仅要算短期的，还要算长期的。比如说最典型的高铁，高铁带动的其他技术和产业是很多的，当然我国现在的高铁不是百分之百的核心技术都掌握了，控制系统还是靠引进，但是它的国产化比例较高。以前有一位海归经济学教授说，中国7亿件衬衫换美国的一架大飞机，这就是中国的比较优势。这样的认识是不深刻和全面的。2015年全国人大通过的“十三五”规划里面有一句话说得对，要创造新的比较优势。单纯根据现有中国资源禀赋和人财物的结构形成的一种优势，往往是劳动密集型优势。

国家知识产权局、上海市知识产权局邀请我担任专家咨询委员会委员。开会时有一半的知识产权教授主张保护最重要，创新是次要的，而我的提法是：保护是基础、创新是目标，要处理好两者关系。因为我的研究头脑很清楚，如果中国自己核心技术不创新，所谓保护就是保护发达国家在华的知识产权及其利益。后来胡锦涛总书记讲第一条是创新，第二条是保护。但有的教授仍然教条地认为保护最重要。因此，要在比较优势和综合竞争优势的基础上，充分认识第三种优势理论，即知识产权优势理论。

上世纪八九十年代开放的主要战略是用市场换技术，这个战略在上世纪90年代后期，我国一批马克思主义经济学者就不太赞成。直到前年，习总书记明确提出“市场换不来核心技术，有钱也买不来核心技术”，要破除“造不如买，买不如租”的传统观念。这次美国严厉制裁的“中兴事件”，再次证明习总书记的这个思想是正确的。

还有一个争论问题，就是我国的重大科技发展要不要实行举国体制。昨天闭幕的第十三届全国人大常委会第三次会议上，专门审议了事先教科文卫委员会已经审定过的科技部关于国家科技重大专项实施八年的情况汇报。我非常高兴地看到科技部是认可举国体制的，当然经济学界多数人受新自由主义影响，还是不赞成举国体制的。

概括起来说，习近平总书记从国际竞争和中国国情出发，在继承的基础上阐明人才、科技和自主创新对于发展社会主义生产力的极端重要性和总体思路。当前，我们只有深刻领会和坚决落实习近平总书记关于科技和人才发展的基本思想，紧紧抓住作为发展第一动力的创新，从企业、产业和国家层面实施自主知识产权战略，才能围绕名牌创造、技术标准制定和科学基础理论发现等构筑企业和国家的竞争优势，实现经济结构转型升级，不断追赶和引领世界科技革命。

二、关于基本经济制度

一个国家的所有制结构形成全社会的基本经济制度，决定该国的经济形态性质和国计民生的基本格局。习近平新时代中国特色社会主义经济思想继承和发展了马克思相关经济思想，认为马克思主义政治经济学和《资本论》没有过时，仅就从当前国际金融危机看，许多西方国家经济持续低迷、两极分化加剧、社会矛盾加深，说明资本主义固有的生产社会化和生产资料私人占有之间的矛盾依然存在，但表现形式、存在特点有所不同；指出要坚持和完善社会主义基本经济制度，毫不动摇巩固和发展公有制经济，毫不动摇鼓励、支持、引导非公有制经济发展，推动各种所有制取长补短、相互促进、共同发展，同时公有制主体地位不能动摇，国有经济主导作用不能动摇，这是我国各族人民共享发展成果的制度性保证，也是巩固党的执政地位、坚持我国社会主义制度的重要保证；强调混合所有制改革要坚持有利于国有资产保值增值、有利于提高国有经济竞争力、有利于放大国有资本功能的方针，推动国有企业深化改革、提高经营管理水平，加强国有资产监管，理直气壮地坚定不移地把国有企业（包括国有资本）做强做优做大，而不是削弱国有企业。

习总书记曾多次提出“必须理直气壮做强做优做大”国有企业，已经公开报道的有六次。另外在农村方面，因为集体所有制也是公有制的组成部分，习总书记阐明农村要妥善安排好“分与统”的关系，统分结合，不断完善家庭承包地的“三权分置”制度，积极发展农村集体层经营和集体经济实力，积极发展作为带动农户增加收入、发展现代农业有效组织形式的农民专业合作社。要紧紧扭住发展现代农业、增加农民收入、建设社会主义新农村这一乡村振兴战略三大任务。

2013 年在两会期间，习总书记在一个代表团讲话时就曾经说过，小岗村解决了“分”的问题，但没有解决“统”的问题。今年两会，他又在山东代表团讲到，《人民日报》今年 1 月 23 日发表了长篇通讯，介绍山东省代村是怎么从一个上访村、落后村、闹事村变成了一个集体经济强大、农民增收等等的一个新型的村庄，就是因为他们换了一个党支部书记，这个党支部书记带领全村走集体经济道路。习总书记认为在农村就是要推广党组织带领搞集体经济的这样一个道路。

去年两会，政协主席俞正声高度赞扬贵州省唐约村搞合作经济的模式。现在，在学术界以及在实际工作部门中间有一个分歧，就是“三权分置”以后怎么办？我也问过全国人大“三农”方面的专家，专家说现在意见也不统一。我认为俞正声去年赞扬唐约村和习近平总书记今年赞扬代村，表明这就是我国主要的发展方向，而私人家庭农场可以搞、但不是主要发展方向。而且习总书记在扶贫会上说凡是贫困村都是集体经济没搞好，他列举了数字证明。改革以来，尽管邓小平以及中央文件都是说要建立统分结合的双层经营模式，但是在实际工作中没有强调过集体层的经营。

有一个广大干部学者也都不太知道的事，就是邓小平有一个“两次飞跃论”，一共讲了四次，从联产承包制开始讲到去世前两年。“两次飞跃论”是针对我国社会主义农村和农业的改革发展所说的，第一次飞跃是从原来的人民公社制转向联产承包制为基础的双重经济制度。但是他当时讲了四个条件，从长期来看我们还要进行第二次飞跃，也就是从联产承包制为基础的双重经营转向集体经济。李先念曾说这是一个大思路、战略思路，邓小平表示他讲得对，这就是一个长期的大趋势。如果把邓小平的“两次飞跃论”和习总书记的“统分结合”相结合，我认为是发展集体层经营、发展集体经济的最新观点。习总书记的讲话很多，我是把他这几个方面讲话结合起来，这个新思路就很清楚了。

关于公有制为主体、国有经济为主导以及农村的集体经济发展的理论，我想阐述一下。为什么要坚持公有制为主体？主要原因是公有制的效率。它不仅在公平上明显地超过私有制，而且在宏观社会效率和微观企业效率上，都可以达到并超过私有制企业。这是有统计资料可以分析证明的，但这类科学分析资料相对较少，而大量粗制滥造的资料都片面地证明公有制效率低。然而人们要问：在劳动者合法权益的保护方面，是公有制企业还是私营企业做得好？中国的民营企业每天平均劳动都要达到约 10 小时，而公有制企业就是 8 小时。私营企业劳动者多干 2 小时，经济效益和利润自然就高了。又如产品质量问题，每次抽检都是公有制企业的产品质量最高，那最差的当然是私营企业。再如税收方面，公有制企业不敢偷税漏税，而私营企业有偷税漏税的动力，偷税漏税自然能使利润提高。解决就业问题也是如此。国有企业、集体企业没有盈利就不是非注销解散或停业不可，因为它是人民政府或劳动者集体办的，首先是要解决就业，能发出工资，其次有利润最好，没有利润也不一定解散。而如果我投资一个私人饭店，没有利润的话，就会停业，员工就会失业。

有一家杂志发表了二三十篇主张私有制效率高的文章，它都是拿国企用银行贷款占 70% 而创造 GDP 不到 70% 这个指标来印证，而不进行国企与私企在收入分配、劳动时间、合法交税、产品质量、解决就业、环境保护等方面的指标比较，从而得出错误结论。但马克思主义学者也写了不少文章来证明公有制效率在微观上也不低。现在我国公有制企业进入了世界五百强等等，也能证明公有制企业是高效率的。去年国有企业的总利润大概是 7000 多亿元。

我举个例子，假定有三个饭店要你选择去哪家工作：第一个饭店是国有企业；第二个饭店是合作企业，每人要交一二十万元才能去工作；第三个饭店是私人老板投资办的饭店。再假定这些饭店的地段、技术、经营管理水平情况等都差不多，现在请问大家，你最愿意上哪个饭店去工作？大家普遍会选国企或合作企业。在哪个饭店里工作主动性、积极性最高？劳动积极性最高的应是合作经济，因为它一旦利润多了，马上就能给本饭店的职工分红或加薪水等。国有企业利润还要部分上交，最后是要在全国人民中间协调的，不一定到个人手里。所以应当说，最后选择和劳动积极性最差的肯定是私营企业。这就推翻了那些认为私企效率高的主观臆想理论。

如果不从各个企业角度分析，而从宏观角度分析，公有制高绩效就更没有问题了。社会主义国家宏观管理比西方成功，绝对不可能发生经济危机，最多是有一些产能过剩，那也是没有及时调控。如果调控及时，产能都不会大规模过剩，库存都不会大规模积压。如果国家调控及时有序有力的话，整个国民经济及其宏观经济效益不会出现人为的严重问题。

大家都看到物价上涨、房价上涨，但是不同的经济学派对房价为什么上涨，以及如何解决房价上涨的理论、政策解释和对策，都是不一样的，甚至是相反的。曾经有位党校教授说马克思主义到中国来“中看不中用”，后来受到批评。实际上马克思主义经济学、政治学等，是既中看又中用的，它的实用性强。但如果不愿用、不会用，那就实现不了它的有用和实用功能。习总书记强调依宪治国，《宪法》在这个问题上的规定有两条：

一是以公有制为主体，二是强调国有经济的主导作用。我们要深刻领会和落实习总书记和《宪法》讲的关于国有经济、集体经济、合作经济的发展思想。

可见，习近平总书记重点分析中国特色社会主义基本经济制度的优越性，阐明公有制为主体、国有经济主导、多种所有制共同发展的重要性。目前，我们必须认真领会和坚决落实习近平总书记关于毫不动摇地坚持和完善社会主义初级阶段基本经济制度的定力思维，尤其要促使国有企业成为贯彻新发展理念、全面深化改革的重要力量，成为实施“走出去”战略、“一带一路”建设等重大战略的重要力量，成为壮大综合国力、促进经济社会发展、保障和改善民生的重要力量，成为我们党赢得具有许多新的历史特点的伟大斗争胜利的重要力量。

三、关于基本分配制度

马克思主义分配理论是生产决定分配，所有制决定分配方式。马克思生前有些左翼资产阶级改良主义者认为私有制生产方式不能改变，只能在第二次分配（国家再分配）中通过累进税来调节贫富差距，马克思对此是加以批评的。

习近平新时代中国特色社会主义经济思想继承和发展了马克思的相关经济思想，认为美国等西方国家的不平等的缘由，在于表层的分配问题和根本的所有制问题，阐明社会主义初级阶段由于生产力相对不发达，就要坚持公有制为主体、多种所有制共同发展的基本经济制度，因而必然实行以按劳分配为主体，各种生产要素凭借产权参与分配这一基本分配制度；强调以人民为中心的发展思想，为了增强发展动力，增进人民团结，就要朝着共同富裕方向稳步前进，发展成果更多地由人民共享，精准扶贫，消灭贫困，增强人民的获得感；要求缩小收入差距，坚持居民收入增长和经济增长同步、劳动报酬提高和劳动生产率提高同步，健全科学的工资水平决定机制、正常增长机制、支付保障机制，完善最低工资增长机制。

在分配方面，社会各界有些争论。第一个争论是如何看待当前的中国贫富分化？根据西方的统计标准，最近十几年中国基尼系数始终是在 0.4 到 0.5 之间。而西方经济学一般认为应该在 0.3 左右是比较好的，因为超过 0.4 就不太好，说明分化比较严重。另一个指标是财富分配指标。比如说，占美国家庭总数 1% 的最富家庭拥有全美家庭净资产 1/3 的财富；占全美家庭总数 9% 的较富家庭又要拥有全美家庭净资产的 1/3 多的财富。换句话说，占全美家庭总数 10% 的最富家庭拥有全美家庭净资产的将近 80%。家庭净资产包括了房产、有价证券、股票、首饰、现金等等。可是，由于西方经济学的阶级局限性，他们所有的教科书都不引用这类美国统计的资料。我查过萨缪尔森、斯蒂格里斯、曼昆的三本西方经济学教科书，每本都达到 100 万字，很喜欢在书中引用案例和统计资料，而在这个问题上，他们就是不用，只用一个基尼系数。因为基尼系数是判断收入分配公平程度的指标，并不能反映财富分配问题。

事实上我国现在无论是基尼系数、家庭金融资产、家庭财富占有的社会差别已经接近美国的数据。马克思主义者强调不仅要缩小收入差距，还要缩小财富差距。因为财富是衡量贫富差别的首要指标，收入只是第二个指标。西方经济学在谈到收入差距时常常用“五等份”的方法，用其中 20% 收入最高的家庭和 20% 收入最低的家庭比较，来说明社会成员之间的贫富差距。这个指标也是有缺陷的，有资产阶级局限性，用“五等份”而非“十等份”或更多等份，指标设定本身就有掩盖贫富差别的目的。由此也顺便提一下，有人说经济学没有阶级性和国度性，这显然是不对的。说这类话的人，一般都是赞成西方理论的，并把西方经济学理论说成是世界上唯一的现代经济学，而否认马克思主义性质的现代政治经济学。

第二个争论是如何进行个税改革？近日《中华人民共和国个人所得税法修正案（草案）》提请第十三届全国人大常委会第三次会议审议。大家看到有关媒体报道以后，已经有不少学者和各界人士发表议论。我昨天也在列席人大常委会分组会时发表了几点看法，和大家交流一下。第一点，建议有关部门再广泛征求社会各界的意见，把这个复杂的问题再认真仔细地推敲，可以暂缓进行复杂化大改。当时好多委员也认为现在的改革草案难以操作、不可操作、问题很多。第二点，回应广大人民的热切期待，把个税和稿费的起征点提高到 10000 元，这样就暂时不要搞什么教育、大病等项目的退税了。现在的草案起征点比较低，然后再通过调节，这样就很复杂，不便于操作。包括澳大利亚的经济学家都在网上说起“综合收入”起征额从 3500 元提高到 5000 元，只提高 40%，而私人经营所得起征额提高了

5倍，这是不合理的。按照马克思主义理论，私人经营所得含有部分占有他人劳动，其起征点一下提高5倍，这就等于广大工薪阶层完全靠劳动获得的收入反而要多交很多税，私人经营所得却少交很多税，这与以“人民为中心”的发展思想不一致。习总书记强调的“以人民为中心”这一思想，理应落实在立法等各行各业的工作上，体现在每一项具体政策上。

可见，习近平总书记继承马克思的相关经济思想，主要拓展研究中国特色社会主义基本分配制度及其优势。目前，我们要深刻领会和全面落实习近平总书记阐明的共享新理念和共同富裕原则，遵照基本分配制度来改革财富和收入的分配体制机制，处理好分配领域公平与效率的互促共进关系，打好扶贫攻坚战，进一步提升广大劳动人民的满意度和幸福感。

四、关于基本经济调节制度

政府与市场的关系构成现代社会的基本经济调节制度。习近平新时代中国特色社会主义经济思想继承和发展了马克思的相关经济思想，认为在没有达到共产主义社会之前的社会主义初级阶段，应该实行社会主义市场经济体制，要坚持社会主义市场经济改革方向，坚持辩证法、两点论，继续在社会主义基本制度与市场经济的结合上下功夫，把两方面优势都发挥好；提出中国经济体制改革的重要方向，就是使市场在资源配置中起决定性作用和更好地发挥政府作用，就是“看不见的手”和

"看得见的手"都要用好；强调既要积极稳妥从广度和深度上推进市场化改革，大幅度减少政府对资源的直接配置，又要更好地发挥政府的职责和作用，主要是保持宏观经济稳定，加强和优化公共服务，保障公平竞争，加强市场监管，维护市场秩序，推动可持续发展，促进共同富裕，弥补市场失灵。

关于这个问题，有一些不同的议论，第一，什么叫社会主义市场经济？一向有人说，社会主义市场经济就是共产党领导下的市场经济。共产党领导属于政治上层建筑，并没有回答经济制度上的社会主义市场经济是什么。有人说只能是社会主义条件下的市场经济，那也是不准确的。我从1992年以来，一直是这样写文章的：从经济学、经济制度上说，社会主义市场经济就是公有制占主体的市场经济。因为有些人不赞成公有制占主体，所以把这个词拿掉，然后讲共产党领导或者抽象地讲社会主义条件。共产党领导是肯定的，但不是从经济制度上来解释。所以，还是要把习总书记、《宪法》和《党章》上说的社会主义基本经济制度和市场经济相结合，这样理解是最准确的。

第二，如何看待市场在资源配置中的决定性作用？"决定性"这几个字存在争议，因为文件没有说市场对于一切资源还是大部分资源配置起决定性作用。其实有些重要资源并不是市场决定的。我们来看现实，比如说石油、稀土的开采等等，是不是完全由开采的企业说了算？它愿意开采多少就多少，愿意定价多少就是多少。所谓资源配置决定作用，按照西方经济学的说法，就是生产什么、生产多少、如何定价，这三条是谁说了算？所谓市场决定，说到底就是企业决定，在西方主要是垄断企业决定。在西方，垄断寡头不好意思说是大企业决定，因而说是市场决定。再如一个城市的地铁、全国高铁的线路规划和站点选址，也不是由修建地铁和高铁的公司决定的，而是由政府决定、市场化操作的。这里一定要区分一个概念，企业参加竞标后由企业生产，这叫市场化操作。市场化操作不等于市场决定，二者不能混淆。再来看我们的教育和医院，完全是由市场决定的吗？肯定不是的，因为大中小学校和医院主要是公立的。文化产业私营企业多一些，但很多新闻出版、文化团体方面，国家决定的也不少。党的十八大之前，强调住房完全市场化。近年习总书记强调“房子是用来住的，不是用来炒的”，不提倡住房完全市场化，现在改革的重要方向是发展共有产权住房，国家出资 70%~80%，个人出资 20%~30%，个人可以永久使用和继承，但不能直接到市场出售。所以，像这些领域都不完全是市场决定。

我认为，依据习总书记关于市场在资源配置中起决定性作用，而又不是起全部作用的讲话精神，应精确化地理解为要发挥市场在一般经济资源配置中的决定性作用，即“非全部性市场决定作用”或“非完全性市场决定作用”，这就反映了现实，因为党和国家就是这么做的。主张一切经济和非经济资源完全市场化或企业化，都由市场决定，党和国家对重要经济资源的决定和调控越少越好，这是唯市场化、泛市场化的新自由主义的信条，党中央已经批评十几年了。前几年，在《求是》杂志上发表的《新自由主义的经济“成绩单”》一文，用国外大量事实和资料证明，实行新自由主义对于国计民生是极为不利的。

第三，政府要不要加强事先监管？这几年，我参加两会和写文章一直说，要加强事先、事中、事后全过程监管。减少审批是必要的，但事先监管不仅是一个减少审批的问题。那种主张在资源配置方面和国计民生领域，第一次调节只让市场去管，政府不要管，出了问题再让政府去管的“两次调节论”，是片面的。产能大量过剩、西药价格过高、课外学生家教和培训费渐高等等国计民生方面出现的大多数问题，都是因为政府事先缺乏监管和对策。因为不少事情先让市场管肯定会出问题，而必须同时管、同时调节，甚至先要让政府作出总体规划和调控，市场和企业再参照总体和年度规划来自主经营决策。这个论争问题还有待于进一步统一认识。

总的来说，习近平总书记侧重论述政府与市场有机结合的社会主义市场经济双重调节体系，二者的思想呈现互补递进关系。当下，应深刻领会和积极贯彻习近平总书记关于共同更好地发挥市场和政府调节作用的思想精髓，既要用市场调节的优良功能去抑制“政府调节失灵”，又要用政府调节的优良功能来纠正“市场调节失灵”，从而推进高速经济增长向高质量发展的转变，加速建立现代化经济体系。

五、关于经济全球化和开放制度

从资本主义生产方式和殖民主义在世界扩张开始，各国经济就日渐全球化，先后建立了程度和方式不一的开放制度。习近平新时代中国特色社会主义经济思想继承和发展了马克思的相关经济思想，指出要坚持双向对外开放基本国策，善于统筹国内国际两个大局，利用好国际国内两个市场、两种资源，发展更高层次的开放型经济，积极参与互利共赢型的全球经济治理；同时坚决维护我国发展利益，积极防范各种风险，确保国家经济安全，引领国际社会塑造经济新秩序和共同经济安全；强调要继续抓好优化对外开放区域布局，防止区域开放的雷同化和恶性竞争；要推进外贸优进优出，提高国际分工的层次，加强国际产能和装备制造合作，妥善开展自贸区及投资协定谈判，积极参与全球经济治理，在充分利用中资和外汇储备的基础上有效利用外资；尤其要加快"一带一路"的国际合作和建设措施，发挥好亚投行、丝路基金等机构的融资支撑作用，抓好重大标志性工程落地。

关于开放和全球化问题，有些不同的认识。第一，怎么认识经济全球化？大多数马克思主义者都认为经济全球化是一把双刃剑，是有利也有弊的。总体上我国 40 年的开放是利大于弊的。不过，我国过去长期不强调核心知识产权的自主创新，而强调"三来一补"和合资贴牌生产经营等做法，其综合经济收益是否大于获益极高的日本开放模式，尚值得研究。

可以针对两种片面观点进行分析：一种观点是认为发展中国家参与全球化肯定是弊大于利。另一种观点是认为无论采取怎么样的开放战略策略，都是利肯定大于弊。我提出"对半式双赢"观点。为什么要叫对半式？假定说中美合作，美国获利 99%，我国获利 1%，有人认为这没有问题，因为不合作，我国

1%也没有了。这是一种比较幼稚、天真的观点，而“对半式双赢”大体上要让双方获利一半对一半。如果我们获利太少，说明我们的开放、合作政策和做法需要调整。

第二，怎么研判当前特朗普发动的“贸易战”？越来越多的国内外学者专家都看穿了特朗普“贸易战”等的实质，是通过技术战来遏制和控制我国大发展，尤其是点名反对“中国制造 2025”计划。美国主要是靠知识产权获利的“寄生性国家”和滥印美元换取别国物质商品而又不准备还债的“霸凌性国家”，所以它自己本土形成了“产业空心化”和“金融膨胀化”的严重问题。我们不能仅仅反制美国进出口贸易的加税问题，而一定要看到背后的两战更为要害和实质，一是科技战或知识产权战，二是金融战或货币战。

至于美国打“贸易战”，对中国也是有利有弊的。有关资料已经证明了我国的贸易顺差实际上是表面的，因为我国的很多出口，实际上是包括美国在内的外资企业在中国生产和出口的，最后钱是他们赚的。这样的经济循环，使我国消耗了大量的资源和生态环境，生产的中低档的低附加值的物质产品卖给了美国去消费，美国把印钞机开动一下（美其名曰量化宽松政策），就算用货币支付了，我国拿到形式上顺差的纸币随即买美国的国债等，而且实际还是负利率，他们也不准备还中国的债。与美国这样一种经济循环是不是开放的最佳战略？值得深一步研究。

第三，金融扩大开放要不要对等？我提出要遵循三个原则：一是安全原则，二是对等原则，三是福利原则。对等开放，就是我国允许美国持股或控股中方银行、证券公司和实体性重要企业，那么美国也要对等同意中国持股或控股美国的金融和实体性企业。如果美国事实上不批准，我国事实上也就不能批准。如果德国事实上同意，我国就跟德国对等开放。中方银行有大量存差，还缺资本吗？中方金融界海归和海外受训高管比例最高，还缺管理素质吗？假如我们的较为稳定盈利的企业逐步被美国等外资持股或控股，也就是转移部分盈利给外资，这对人民福利有益处吗？可见，金融等部门只讲一个作为开放发展底线的防风险安全原则，肯定是不全面的。

要言之，关于经济全球化和开放，习近平总书记分析的是21世纪经济全球化的新变化，倡导和践行以"一带一路"为建构重点的公正经济全球化和对外开放的新格局。在新时代的今天，我们要深刻领会和认真贯彻习近平总书记关于建立人类命运共同体和合作共赢新型国际经济关系的开放思维，建立更高层次的、全方位和对等性的开放型经济体系，明智应对狭隘的贸易保护主义和贸易霸凌主义、金融霸权主义、知识产权垄断主义，在维护经济安全的开放中实现国民福利最大化，加速现代化强国的建设。

以上就是学习领会习总书记有关讲话精神的一些认识，联系社会各界关注和热议的某些问题，做一些分析探讨。如果讲得不对，欢迎批评指正，谢谢！

郝振省：同志们，下面按照惯例，我对程教授今天的讲座做一个小结。

第一，程教授讲到习近平总书记关于科技引领生产力发展的论述，讲到科技创新是引领发展的第一动力，人才是创新的根基，核心技术是国之重器。这里面程教授讲到一些争论，讲到了科技发展举国体制的合理性和必要性。帮助我们理解习近平总书记所说的人才、科技和自主创新对于发展社会主义生产力的极端重要性。

第二，程教授讲到习近平总书记在基本经济制度方面的论述。比如在国企改革中，习总书记明确指出，国有企业特别是中央管理企业，在关系国家安全和国民经济命脉的主要行业和关键领域要占据支配地位。我觉得程教授强调了国企对于就业率和公平的特殊作用，强调了国企对于国民经济、对于执政党与国家政权的支柱和基础作用。这实际上表明习近平经济思想进一步深化和发展了我们党关于基本经济制度的思想和理论。

第三，程教授讲到了习近平总书记关于基本分配制度的思想。讲到了实行基本经济制度的缘故，是由于基本经济制度的决定性作用，必然要实行以按劳分配为主体、各种生产要素凭借产权参与分配的这一基本的分配制度，强调共享新理念和共同富裕的原则，指出发展成果要更多由人民共享的政策，大大增强了广大人民群众的获得感。程教授特别强调，习近平总书记的这些创新思想包括以人民为主导等，实际上是习近平经济思想在社会主义市场经济条件下，对社会主义分配制度和原则的坚持和发展。

第四，程教授讲到习近平总书记关于基本经济调节制度的思想，讲到要在公有制与市场经济的结合上下功夫。从经济制度考虑，既要使市场在一般资源配置中起决定作用，又要发挥政府宏观调控的一系列保障作用。一只是“看不见的手”，一只是“看得见的手”，“两只手都要用好”。我想这既避免了极端市场化的危险，又避开了僵化的计划经济模式，充分显示了习近平经济思想对于社会主义基本调节制度的坚持和发展。

第五，程教授讲到习近平总书记关于经济全球化和开放制度的论述。习近平总书记提出了“一带一路”战略构想，并且逐步成为世界各国的共识，不断造福相关国家和人民，这表明了习近平经济思想已经超出了我们的国界，逐步覆盖了全球，形成了关于国际社会基本经济格局的基础论述。

总之，程恩富教授以他特有的理论底蕴、理论功力和一些理论案例，通过基本经济动力、基本经济制度、基本分配制度、基本调节制度和国际经济的基本格局等五个问题的讲解和阐释，为我们勾画了习近平经济思想的主要建树、主要框架和主要逻辑，为我们中央和国家机关司处级领导干部学习贯彻习近平经济思想，乃至习近平新时代中国特色社会主义思想提供了重要的指导和帮助。所以让我们再一次用热烈的掌声，感谢程教授的精彩演讲！

（本文根据程恩富2018年6月23日在中央和国家机关“强素质·作表率”读书活动2018年第6期主题讲坛上的讲座内容整理）

主讲人：王佐仁

王佐仁，博士，中国科学院神经科学研究所高级研究员，神经科学国家重点实验室副主任，中科院脑科学与智能技术卓越创新中心执行委会委员，中科院人工智能产学院研创新联盟战略咨询委员会委员，中科院智能信息处理重点实验室学术委员会委员，中国科学院大学未来技术学院脑智教研室教授及课程首席教师。曾任中科院神经科学研究所所长助理，副所长，现任中科院神经科学研究所党委副书记兼纪委书记。获得了国家“百千万人才工程”奖励及“有突出贡献中青年专家”称号，以及国家杰出青年科学基金、国务院政府特殊津贴、中科院百人计划择优、上海市浦江人才计划、人事部留学回国人员科技活动等人才项目的资助。获得中科院“优秀研究生指导老师奖”。2005 年从美国加州大学伯克利分校回到中科院神经科学研究所，从事神经科学与类脑智能的交叉研究，在神经科学方面主要从事神经振荡与多感觉整合／跨模态注意转换、共情心与合作行为的神经环路机制，在类脑智能方面主要研究忆阻器神经网络与脉冲神经网络的融合。

大脑的奥秘

大脑的奥秘

郝振省：同志们，大家上午好！今天是2018年第7期，总排序第111期中央和国家机关“强素质·作表率”读书活动主题讲坛，我们为大家特别邀请到中国科学院神经科学研究所高级研究员、神经科学国家重点实验室的王佐仁教授，大家欢迎他。王教授很年轻，他2005年从美国加州大学伯克利分校毕业后回到中国科学院神经研究所，从事神经科学与类脑智能的交叉研究。现任中科院神经科学研究所的党委书记兼纪委书记。

今天相关部门的领导同志一如既往地与大家一同聆听王佐仁教授的演讲，对他们的到来我们表示感谢。

同志们，我们安排这次讲座的主题主要有三方面的考虑：第一，我们前不久邀请谭铁牛教授讲《人工智能：是天使还是魔鬼？》，所以趁热打铁，现在讲一讲《大脑的奥秘》是很有必要的。人脑的功能属于综合复杂的精神活动，表现为记忆力、感知力、思维判断、联想意志等能力，还表现在能对事物进行归纳总结和逻辑演绎。研究大脑功能更有助于人工智能的发展与扩张。

第二，我们曾请欧阳自远院士讲过中国探月工程的问题，请中国科技馆原馆长王渝生讲宇宙的四大疑难问题，讲宇宙的种种神奇故事。我们也有必要请专家和学者来讲讲人脑的奥秘。

第三，上次我们讲到，世界各国在人工智能技术的研发方面呈白热化状态，对于脑科学的研究，也是如此。其实从上世纪 90 年代开始，美国、欧盟、日本都先后推出了本国脑科学时代的计划纲要。进入 21 世纪，2013 年奥巴马宣布了美国“脑计划”战略；2014 年日本提出了“大脑革命计划”；随后加拿大、澳大利亚等国也都提出了相关计划。中国也制订了 2016 至 2030 年为期十五年的脑科研的发展规划。国务院“十三五”国家科技创新规划中，将脑科学与类脑的研究列为科技创新的重大项目，这意味着脑科学研究已经被列入我国的国家战略之中。习总书记在 2018 年的两院院士大会上强调了脑科学研究的基础性、前瞻性和重要性。因此，了解一些脑科学的基本知识、科研成果和机制，对于我们中央和国家机关司处级领导干部是十分必要的。同志们，让我们以热烈的掌声，欢迎王佐仁教授开讲。

各位领导、同志们，上午好。非常感谢你们冒着酷暑来到这里，感谢中央和国家机关组织这一系列非常有意义的活动，也感谢承办单位和读书活动办公室的邀请。非常高兴来这里作报告。我也来自于中国科学院脑科学与智能技术卓越创新中心，这是中科院神经科学研究所和中科院自动化所联合组建的，由蒲慕明院士和谭铁牛院士共同担任首席科学家。两个月前谭院士来这里主讲《人工智能：天使还是魔鬼？》后，我今天再做一些补充，给大家汇报一下脑科学研究的最新进展。

一、脑科学研究的战略意义

我们知道大脑是很神奇的器官，存在着很多奥秘。我今天从几个方面，比较浅显和初步地给大家介绍一些脑科学研究的基础知识和应用情况。

1. 科学意义重大，是科技竞赛制高点

脑科学是人类认识自然的最后疆域。因为我们人类的历史使命就是认识世界、改造世界，而最难的就是对自己认知过程的认知。著名诺贝尔奖得主拉蒙·卡哈尔说：“只要大脑的奥秘尚未大白于天下，宇宙仍将是一个谜。”

在过去一百年中，关于脑科学的研究获得了近 20 个诺贝尔奖。世界顶级的科学杂志《Science》为了纪念创刊 125 周年，于 2005 年 7 月提出了 125 个重要的科学问题，其中就有 18 个属于脑科学，所占比例达到了将近 15%。这些都反映出，脑科学研究的意义重大，是世界各国科技竞赛的战略制高点。

2. 关乎人民健康的国家重大需求

中国经济发展迅速，人民越来越富裕，但是人口老龄化问题也日益凸显。上海的老龄化人口比例已经超过日本的全国平均值，由此带来的脑相关疾病问题逐渐突出。2010 年以来的数据显示，脑相关疾病的发病率越来越高。脑疾病不会使人迅速死亡，而会让人失能，拖得时间很长，给社会和家人造成沉重负担。只有从脑科学着手，在脑科学领域取得突破，才能从根本上推进脑相关疾病的预防和治疗。

3. 开发儿童智力脑，发展教育新方法

现在的孩子在暑假期间一直在补习，各种补习班很多。大家都很焦虑，不死记硬背就考不到好成绩，而这显然有悖于素质教育。所以研究大脑学习的过程，让小朋友们学会学习，这是我们脑科学研究的历史使命。我们希望能够发现和掌握人类智力发展的规律，改良教育方式，让素质教育成为主流，促进人才的全面发展。

4. 促进脑科学与类脑智能相关产业发展

现在最热门的两个领域就是人工智能和脑科学。与脑科学相关的产业方兴未艾。不仅如此，我们相信脑科学与人工智能相结合的产业，一定会在未来几十年大有发展。

5. 科技强军，保障国防安全

人类历史进程中有四次工业革命，第一次是机械化，第二次是电器化，第三次是自动化，第四次就是智能化。第四次工业革命将由脑科学和类脑智能主导。脑科学和军事有着密切的关系。我们知道，电脑由两部分组成，一部分叫软件（software），一部分叫硬件（hardware）。现在军事上出现一个新名词，叫湿件（wetware），指操纵软件和硬件的人或者生物体。把生物体跟人类的控制结合起来，跟军事的硬件和软件结合起来，发展出新的军事理论，已经成为引导军事革命的主流。所以制脑权已经成为各国军事战略家关注的焦点。

以上我从科学意义、健康意义、教育意义、产业意义和军事意义大概讲了一下脑科学研究的重要性，下面我们进入今天的主题：大脑有哪些奥秘。

二、大脑有哪些奥秘

大脑有这样一些特点：它低能耗，非常高效，学习记忆速度快，非常灵活，具有创造性，控制运动的能力非常强。

1. 大脑的基本结构

大脑里面有一个个的神经细胞。神经细胞细胞膜内外的离子浓度不一样，于是会产生一个跨细胞膜的电压差。当神经细胞变活跃时，会产生一个脉冲的动作电位。依靠局部的离子流动，动作电位能够在神经细胞的轴突上传递，一直到轴突末梢的突触结构。神经突触将电能转化为化学能，释放出一种化学物质传给下一个细胞。下一个细胞又将它转化为电信号，从而在脑子里一直传下去。这就是大脑基本工作原理。

脑是自然界最复杂的系统之一。大家知道我们的脑有多么复杂吗？我们有 860 亿个细胞，每个细胞可以跟另外 1000 个细胞形成连接，就会形成 100 万亿个连接。这种连接有多么复杂？比如电脑有网线的插口，把全世界网线的插口、互联网的接口加到一块，还没有大脑连接的数量多。

大脑的功能就更加强大了，我们的大脑有感知、运动、思维、智力等方面的功能。大脑是生物学的问题，也是物理学、化学等学科的问题。因为脑科学的研究，是一门学科高度交叉的全研科学，涵盖了生物学、物理学、化学，层次很多。要从整体层次、网络层次、环路层次到分子细胞层次等等都开展研究，所以脑科学是一门相当复杂的学科。

2. 大脑的低能耗和高效性

大脑的能耗是多少呢？一台笔记本电脑的功率大概是 110 瓦，而我们的大脑的功率是 20 瓦。这 20 瓦是怎么算出来的？你又没办法用电压表、电流表去测，你又没办法把大脑取出来测量。大脑功率的 20 瓦是一个估算，具体估算过程如下：一个体重 70 公斤的男性，每天要吸收 2500 卡路里的热量，才能保持身体不胖不瘦，就是基本上要消耗这么多的热量。这相当于一个人一天消耗的能量是 10500000 焦耳。一天的时间是 86400 秒（24 小时 ×60 分钟 ×60 秒），所以可以算出人体的功率是 121.53 瓦。又有人会问，你可以算出来人体总体的瓦特数，但你怎么知道这 121.53 瓦里面有多少是脑子用的？这就有个技术问题。有种仪器设备叫正电子扫描仪器（PET），它是检测体内葡萄糖消耗量的机器。癌症病人的葡萄糖消耗量高，所以 PET 能把癌细胞照出来。PET 也可以检测正常组织的葡萄糖消耗。葡萄糖就是我们的血糖，是最直接的能量消耗。用 PET 测量出人脑使用了身体六分之一，也就是约 16.67% 的葡萄糖。于是把人体的功率乘以 16.67%，得出我们人脑的功率约等于 20 瓦。所以这是一个有道理的科学估算。

我们来比较一下这两年很火的人机大战。现在阿尔法狗的风头正劲，我们看看阿尔法狗有多少功率。阿尔法狗有大量的中央处理器（CPU）和图形处理器（GPU），下一盘棋需要 120 个 CPU 和 176 个 GPU，仅这些处理器的功率就有 9 万瓦，还有旁边的电源、风扇等等各方面的能耗。加到一块，有人算出来是大于 15 万瓦，接近 20 万瓦。而我们大脑是 20 瓦，也就是说阿尔法狗的功率是人脑功率的一万倍。那么，李世石以一个人大脑的功率对付了 20 万瓦的功率。而 20 万瓦功率的机器要运转起来，还需要配置一百名工程师。所以从能耗上讲，人类并没有输。

为什么人脑会有这么高的能效性？比如现场有这么多听众，

后面一位听众有与众不同的表现，我就能找到他。这是因为我们人脑有一种注意机制。什么是注意机制？就是大脑集中优势资源，处理当前最重要的人物，也就是提高利用功效。这种能力能够把无效的信号过滤掉，专门处理有用的信号，这是一个很重要的机制，机器很难做到这一点。

人类的注意机制有两种：一种叫无意注意，是自下而上（bottom-up）的过滤，也叫目标显著性的注意，意思是这个目标比周边其他目标更显著，从而引起注意。另一种是更高级的注意，也叫经验依赖的注意，或者说是由顶至下（top-down）的注意。人工智能可以比较好地实现目标显著性的注意，而要实现经验依赖的注意就很难。

3. 大脑学习与记忆的特征

我们人脑还有非常了不起的记忆体系。第一个优点是快速检索。举个例子，我是上个月见到郝院长的，今天我见到他的时候，我马上就想到，上个月某日，我在中国新闻出版研究院见到他。我想这个事情的时候，从来没有检索过昨天有没有见到他，前天有没有见到他，大前天有没有见到他。但如果我们要在电脑里找一个文件，电脑要把所有的磁盘都搜索一遍才能出结果。所以人类可以非常快地搜索。

第二，不需要穷举。这也是非常了不起的性能。例如我今天第一次见到了某位同志。见到这位同志的时候，我就知道自己以前从来没有见过他。而电脑做这件事情呢，又要把磁盘从头到尾搜索一遍，才会告诉你没有这个文件。人脑是怎么实现这点的呢？我把这位同志的相貌跟我脑子里存储的所有人的脸进行比较，找出其中最相似的人脸与之进行比较，结果这位同志和我最熟悉、最相似的那个人并不是同一个人，我马上就判断，我从来没有见过这个人。

第三，从局部到整体。比如我上次见到这位同志，他穿的是红衣服，这次穿绿衣服；上次他卷发，这次变直发了。虽然他的容貌发生许多变化，只要他的一些基本特征仍然存在，我就还是能把他认出来。这就是从局部到整体的能力。

第四，广泛联系。比如说我看到一张相声演员的照片，我就能马上意识到他是说相声的。从一个人相貌联想到他是干什么的，所有性质就能快速联系起来，这是很了不起的。这个性质是目前人工智能比较难以全面实现的，也是其发展的方向。

4. 大脑的灵活性和创造性

电脑数据由 0 和 1 组成，要么是 0、要么是 1，其数值是很固定的。人神经细胞之间的连接则是可以变化的，它是根据经验记性调整的。这个对我有用，我可以加强；那个对我没用，我可以减弱。就这样不断调整，不断创新。这叫做神经可塑性。

在神经可塑性研究方面，中国人做出了很大贡献。第一个是冯德培先生，1941 年他在《中国生理学》杂志上发表论文，首次论述了短时程神经可塑性。他发现：在神经和肌肉接头的信号传递过程中，肌肉接头原来反应是很小的，受到刺激它就会变强，如有连续强刺激则其反应就会更强。

还有一个中国人也做了很重要的贡献，就是蒲慕明院士。他发现了一种很重要的可塑性的时间窗口，叫做放电时序依赖的可续性（STDP）。2016 年，为表彰他在大脑神经可塑性分子和细胞机制研究方面所做出的开创性工作，美国神经科学学会将“2016 年度 Gruber 神经科学奖”授予他，这是神经科学的国际最高奖。

人类学习非常了不起的一点是，具有小样本学习的能力。现在的人工智能深度学习，要依靠很多样本去训练才能学会，这叫做大数据依赖。但人类不需要，人类只要小样本学习就可以了，甚至只要看一次就能学会。

第二，人类有概念，能够触类旁通，由这个概念跨到另外一个概念，这也是机器做不到的。

第三，人类有创造性。举个凯库勒构思苯环结构的例子。凯库勒梦到六条蛇缠绕在一起，这使他创造性地构思出苯环六圆环的结构。这就是人类的创造性，而机器是实现不了的。

5. 人脑控制运动的精巧性

人脑还有一个非常了不起的性能，就是能够精细地控制肌肉的运动。大家说运动很简单，不就是一块肌肉负责收缩，一块肌肉负责舒张吗？你说得很对。运动确实是肌肉的拉和伸。但是我们人类有 600 多块肌肉，假设每块肌肉有两个状态，一个收，一个张，不算中间状态，600 块肌肉在两种状态下组合

数就有 2^{600} 个之多。这是什么概念？它超过了宇宙中的所有原子数。宇宙中的原子数是 10^{80}，相当于 2^{266} 个。我们有个很了不起的结构叫小脑。我刚才讲了，人的脑子共有 860 亿个神经细胞。光是小脑就占了 400 亿，大脑皮层只占 100 亿到 200 亿。人类用了一半的神经细胞来控制我们的运动，所以我们的运动控制非常了不起。

现在要测试一个机械手有多厉害，最简单的办法就是抓鸡蛋。德国人在 2017 年发明了一个机械手，它能抓鸡蛋，并且百分之百确保鸡蛋不会破。他用两个吸盘把鸡蛋吸住，拎起来，再放下去。而人手是怎么抓鸡蛋的？有一位山东小伙子几年前创造了一个世界纪录，单手抓 14 个鸡蛋。由此可见，人类控制运动的能力有多么强。机器要达到人的运动控制水平，基本上是不可能的。

三、脑科学与人工智能的关系

1. 人工智能的主要流派与三大浪潮

人工智能的第一个流派是符号主义。符号主义曾长期占据人工智能的主流。它是源于数理逻辑、基于逻辑推理的智能模拟方法，它把所有问题变成一个数字、一个符号，然后进行运算，和人脑的工作原理是没有关系的。符号主义的代表人物叫艾伦·图灵，他被称为计算机科学之父，也叫人工智能之父，国外最著名的人工智能奖就叫“图灵奖”。中国的代表人物是吴文俊院士，他是中科院数学与系统科学研究院研究员，他提出用计算机证明几何定理的“吴方法”，开创了数学机械化。同样，中国最高级别的人工智能奖叫“吴文俊人工智能科学技术奖”。

第二个流派是连接主义。最近兴起一种方法叫深度神经网络、深度学习，这种办法就属于连接主义，是模拟人的生理神经网络结构，利用神经网络和神经网络间的连接机制与学习算法来实现人工智能。这种人工智能跟人脑的结构及工作原理是有关系的。随着深入学习的不断成功，这个方法越来越受到广大人工智能专家的认可，逐渐成为主流。举个例子，人工智能有个很重要的领域叫机器学习，而机器学习有很多种方法，包括决策树、遗传算法等，但这些跟人脑工作的原理都没有关系。只有人工神经网络发展的深度学习与人脑的结构及工作原理有关系，现在它已经成为热门的机器学习方法了。连接主义的代表人物，一位是“深度学习之父”杰弗里·辛顿，另一位叫哈萨比斯，他是“阿尔法狗之父”。

人工智能有三次浪潮。第一次浪潮发明了最简单的神经网络。之后辛顿提出了多层神经网络，把神经科学中连接强度可调的概念融入其中，通过反向传播去调节神经的连接强度，于是第二次浪潮开始了。但那时候计算机芯片只有奔腾 286、386，计算能力不行，很多任务完成不了。2006 年辛顿又提出深度的神经网络，发展了深度学习。我们现在正处在第三次人工智能的浪潮里。

2. 深度神经网络与视觉神经机制的关系

首先从神经科学讲起。有两个科学家，大卫·休伯尔和托斯坦·维厄瑟尔，获得了1981年诺贝尔生理学和医学奖。他们在20世纪60年代通过对猫眼的研究把哺乳动物识别物体的机制搞清楚了。1981年日本科学家福岛邦彦提出，人工的视觉属于多层神经网络。这套算法激发了随后的卷积神经网络的诞生。杨立昆和辛顿等发明了数学方法，把它的模型做出来了。这就是深度学习。

深度学习跟人类视觉一样，它有很强的适应性。任何信号都可以变成一个一个的像素点。以前的人工智能方法是一把钥匙，只能开一把锁，而我们现在的深度学习方法，它是一套万能的开锁工具，虽然第一次开锁不会很顺利，但是经过训练，它能把很多问题都很好地解决，这就是深度学习非常强大的原因。但是深度学习也有不足之处，它高度依赖于人，比如说我们拿一个X光片给机器读，它是读不出来的，必须要有人把脑袋画出来，告诉机器这是病人的脑袋，那是健康人的脑袋。画出来以后，再让机器读，这个过程叫标注。所以目前人工智能高度依赖人工标注，有一句笑话叫做“有多少人工，就有多少智能”。这表明人工智能现在还不能够独立思考。

深度学习还有很大的问题，它只能识别一个最根本的东西，缺乏常识的概念。而检测人工智能水平高低的方法是看图说话，就是把一幅图画给人工智能检测，让它用一句话描述出这幅图画。假设有一幅飞机撞桥的图片让人工智能检测，它的识别结果是飞机停在高架桥上。但是它不知道相关常识，不知道是飞机撞在高架桥上。第二张图片是一个男人向女人求婚，但人工智能的识别结果是一个男人向一个女人推销钻石。人工智能没有常识，没有概念。形成概念也许是人类特殊的认知能力，目前想要让人工智能形成概念是非常困难的。

深度神经网络之父辛顿认为深度学习已经进入瓶颈期。他可能比较保守，其实现在就是发展脚步慢一点儿。他相信克服人工智能极限的关键，在于搭建一个连接计算机科学和生物学的桥梁。

3. 脑科学与类脑人工智能关联的几个层次

人工智能有类脑和不类脑两种。脑科学与类脑人工智能的关系有三个层次，分别是微观层次、算法层次和宏观层次。借鉴脑的整体功能来发展人工智能是一个办法。比如，我们人脑有具体的结构，有运动区、语言区。语言区前部是说话的语言区，后面是语义理解区、视觉区等等。要做一个类脑人工智能的机器人，你就可以仿照人脑把这些体系、系统全部做进去。这也是相互借鉴的方法。这就是宏观层次。

4. 脑机接口与增强智能

还有一种类脑的人工智能，属于人脑和机器一起识别的。脑机接口与增强智能，加在一起叫脑机融合，就是大脑和机器融合。左边是大脑，右边是电脑，它们之间可以相互传递信息。如果信息从大脑出来，去控制电脑叫脑控。如果把电脑的信息往大脑里传，让大脑获得更多的信息，有更强的能力，这就叫做增强智能或者控脑。

我们来看一下，首先是脑机接口，就是我们把脑子里的信号读出来，去控制汽车、轮椅、机械臂等等。中科院开发出一套目光打字的系统，通过一个电极帽，把人脑皮层发出的信号读出来。这时他若盯着一个字母一段时间，这个字母就能在电脑上显示出来。现在许多国家的军队也在研究这项技术。

下面我讲另外一个方向，就是用机器去控制大脑。首先是增强智能。我们总是觉得读书太累，背一个英文单词就得半天，幻想要是有个机器能够把字典输到人脑子里去，就不用背了，那该多好啊。美国的 DARPA（美国国防高级研究计划局）跟我们想的是一样的，他们想能不能把一个人的知识传给另一个人，于是，他们找来一个飞行经验非常丰富的飞行员，让他戴上电极帽，让他使用模拟飞行器飞行，在这个过程中把他大脑的脑电波信号全部记录下来，然后他们找一些没有什么飞行经验的新飞行员，把这些人分成两组使用模拟飞行器，第一组戴着不传脑电信号的电极帽，第二组戴的电极帽能够把资深飞行员的脑电波对应地刺激他们的大脑。最后得出结论，第二组的成绩比第一组高出 33%。这个结果似乎提示了知识是可以通过脑电波传递给其他人的。当然，这还需要更多的试验加以证明。

5. 人工智能发展新方向与人工智能的伦理

我们还要讨论一个问题，就是脑机融合会产生什么后果。我们可以把知识传给大脑，可以把大脑能力增强。第一，富人是不是有权力变得更聪明？第二，有一个英国产的机器人叫索菲亚，她有表情、笑容，她已经获得了沙特阿拉伯的公民权，机器人可以成为公民吗？第三，机器人有了感情，它和人的感情怎么处理？机器人可以与人类结婚吗？我觉得现在已到了讨论这些问题的时候了，因为这些问题出现的时间可能会比我们想象的快。

四．脑疾病与健康用脑

1. 儿童自闭症的症状及对策

现在自闭症儿童越来越多，自闭症儿童被称为“来自星星的孩子”，为什么这样叫？因为梵·高有一幅画叫《星空》，在这幅《星空》里每颗星星孤独地闪烁着。这些自闭症的孩子就生活在自己的世界里，就像一颗颗孤独的星星独自闪烁。自闭症儿童比较容易表现出来的症状有两个：第一，刻板行为，重复一些简单的行为；第二，很少跟别人交流。有些人认为自闭症儿童在某些方面智商超常，其实自闭症儿童大多数都智商低下。我们正常人的智商是100，自闭症儿童的智商普遍偏低，只要超过70就叫高能自闭症，就是自闭症里面高智商的。关于自闭症的成因到现在也没有完全解释清楚。与自闭症相关的核心基因有100个，一般基因有300个，所以到底是哪一个基因导致自闭症，现在也说不清楚。

2. 青少年网瘾的预防

以前大家觉得上网、打游戏没什么了不起。但是2018年6月18日世界卫生组织（WHO）发布了第11版《国际疾病分类》（ICD-11），其中新增了游戏障碍的诊断分类，正式将游戏障碍与合成毒品、酒精、烟草等一同列入物质使用与成瘾行为障碍。所以我们要提高警觉，关注青少年的网瘾问题。

3. 抑郁症的症状、病因以及防治

现代社会生活压力大，很多人会抑郁，但是抑郁不等于抑郁症。总体来讲，抑郁症有很多症状，比如说，记忆力不好、脑子不够用、心情不好等等。但抑郁症是有办法治疗的，可以用药物提高病人的神经兴奋性，然后通过心理治疗、物理治疗来克服抑郁症。

4. 帕金森症的症状、病因以及防治

帕金森症到目前为止是唯一一个阐述了发病机理的疾病。

帕金森症早期有哪些症状？第一，面具脸，脸部表情不够灵活，有时候会流口水；第二，走路姿势异常，会曲腿；第三，易疲劳，睡眠不好，有社交孤立感；第四，小写症，写一行字时会越写越小。帕金森症阐述的发病机理是什么呢？就是病人脑子里面的多巴胺细胞缺失了。治疗很简单，就是补充多巴胺，但是人的大脑外围有血脑屏障，多巴胺无法通过，所以使用左旋多巴胺跨过血脑屏障进入大脑，来代替多巴胺。左旋多巴胺有些副作用，比如会让心律不齐等，并且左旋多巴胺只能用两到三年。现在有一种新的办法叫做深度脑部刺激，也叫脑起搏器，就是把一个细小的电极植入患者的脑袋里面，然后在胸部贴两块电池，他感到震颤的时候，马上用开关把胸部的电池控制器打开，然后刺激大脑。深度脑部刺激可以让一个患者比较体面地生活 10 年。

5. 阿尔兹海默症的症状、病因以及干预

阿尔兹海默症的发病原因有两种说法。一种是淀粉样蛋白沉积，观察阿尔兹海默症病人的大脑切片，可以看到这种沉积。还有一种是 Tau 蛋白磷酸化的沉积。这两种说法都没有得到完整的理论证实。阿尔兹海默症有一些症状，比如喜欢独自徘徊、心理障碍、判断力下降、易怒、不安幻觉、定向能力下降等。阿尔兹海默症的诊断不仅仅靠这些症状判断，它还可以靠分子探针结合影像指标来确诊。

6. 普通人群认知能力随年龄变化的曲线

对大多数正常人来讲，认知能力在45岁左右会出现一个下降期，到老了以后会比较稳定。所以七八十岁的老同志记忆力下降是很正常的。

7. 中年人脑健康的常见问题

英国、法国在2018年发表的持续20年的调查结果显示，男性和女性的智力最早从45岁开始下降。该研究还指出，痴呆等疾病被认为需要至少20年到30年的演变过程，但是通过保持健康生活方式和良好的心脏健康状态，可以推迟疾病的发生。

8. 健康用脑的一些建议

第一，改善睡眠：高质量的睡眠有助于大脑健康。第二，保持心脏健康，防止高血压、高胆固醇和糖尿病的发生。第三，锻炼身体：有氧运动对大脑健康大有好处。第四，健康饮食：适度吃肉，多吃坚果、蔬菜和橄榄油。第五，积极社交：参加社交活动，多与朋友交谈。第六，勤用脑但不要持续长时间用脑：读书、写信、学习新的知识。

五、脑科学相关产业的展望

1. 脑功能评测与脑健康检查

第一，我们每年都体检，检查各项功能指标，但是却不检查人脑的功能。如果等到发现大脑出了问题，那就没法逆转了。所以我们正在研究一个检测正常人脑功能的工具。以前是量表，就是做问答题。但做问答题不管用，因为被试者可以做假、对抗，所以现在我们就把它隐藏在游戏里面，希望能够把正常人的脑功能检测出来。

第二，脑功能检测工作对军事也有很大的潜在用途。美军从 1917 年开始就用这种心理测试、智能测试来进行分类。他们以前针对每个个体，现在针对一个团体进行分类测试。美军选择了初创、发展、成熟这些阶段，第一阶段评测的结果是基本合格、不合格；第二阶段就会知道这个人是否适合在一般部队服役；第三阶段就要甄别更特殊的人群，比如这个人是否适合当潜艇兵、特种兵等。

2. 脑疾病诊断干预手段及药物研发

第一，脑疾病诊断。脑疾病诊断是一个非常大的市场。比如说，现在每个县的医院都要有一台核磁共振仪，金额都是很高的。第二，脑疾病干预，主要是物理干预，包括深部脑电刺激（DBS）、经颅磁刺激（TMS）、经颅直流电刺激（TDCS）。

第三，脑疾病药物开发。遗憾的是，脑疾病药物开发几十年，成功的很少，90% 以上都失败了，一个很重要的原因是没有合适的模型。以前药物开发都是用小白鼠。但是小白鼠和人类相差太远了，小白鼠不得脑疾病，不得帕金森症，甚至连癌症也很少得。正常小白鼠的生命周期是 72 个月，在自然界小白鼠只有很少的机会得淋巴癌，其他癌症它是不得的。这些复杂的疾病，小白鼠根本不能反映出来，所以我们研发的药物大都失败了。目前，我们正在研发非人灵长类的疾病模型，有望对神经疾病药物开发带来新的曙光。

3. 脑机交互技术相关产业

脑机接口最简单的应用就是帮助残疾人做神经义肢。一个人的脊髓受到伤害后不能动，那么把他关于运动的脑信号提取出来，利用这些信号驱动机械臂来喝水，这种系统现在已被开发出来。但是这种系统需要把电极植入大脑，或者在脑膜外面放置一层探针，才能把脑信号提取出来。现在很多研究机构都在做基于脑机接口的神经康复，也叫主动康复。康复医院里面的病人 50% 以上跟脑疾病有关，而目前中国的很多康复医院只能起到照料作用，并没有能力帮助病人康复。那么现在我们就有主动康复技术来帮助病人康复，就是利用电极让信号进行脑内刺激。外边有个机器帮助他伸手，同时刺激他的大脑，让他以为手伸出来就是由他自己的大脑控制的，让他建立信心，然后不断进行反馈训练，这样就能帮助他恢复控制功能。

4. 服务机器人

不同服务机器人的功能有很大不同，服务机器人从事个性化服务，每一种都不一样。大家觉得服务机器人离我们很遥远，其实服务机器人已经来到我们身边。现在中国东方航空公司就已经开始启用迎宾服务机器人“东东”。这个机器人非常智能：第一，我和它对话，它可以认出我是个男的，所以它叫我哥哥。第二，我逗它一下，我说你生病了吗？它说没有。第三，我问它我的登机口在哪里？它说你要把航班号告诉它，它才知道我的登机口在哪里。这个迎宾机器人是有比较高的智能的。

还有就是餐厅机器人，由于现在的人工费用很高，所以餐厅机器人将来会应用得很广泛。机器人端茶送水上菜都没有问题，因为它配备了很好的传感器。但餐厅机器人目前最大的问题是它只会上菜、端盘子，不会收盘子，这就意义不大了，还要找人收盘子。这说明目前的餐厅机器人智能还不够，至少自主控制精细运动的能力是不够的。如果机器人能够自己收盘子，那应用群体就非常大了，我相信将来会实现这一点。

服务机器人将会广泛进入我们的生活。美国已将养老机器人作为阿尔兹海默症病人的一个医保项目。这种机器人可以为老人定时送药。而现在最关键的是研发护理机器人，这种机器人能够帮助病人翻身，可以把他抬下病床，帮他上轮椅，帮他洗澡等等。我们国内有陪伴机器人，在养老院能跟老人聊聊天。

5. 新一代神经形态芯片

现在 AI 芯片（深度学习加速芯片）很火，AI 芯片做得较好的厂商有国外的英伟达、英特尔等公司；国内的代表有寒武纪（NPU）、比特大陆（SOPHON）、百度（XPU）等。目前 AI 芯片只能叫深度学习加速芯片，因为它只能帮助我们深度学习，快速传输数据。现在主流研究的是神经形态芯片，代表性的产品是忆阻器，忆阻器芯片是 2008 年研制成功的。目前中国的研发水平只属于第三梯队，所以我们在努力追赶当今成熟、先进技术的同时，也不能放松对下一代颠覆性技术的关注和投入。

6. 群体智能的研发与应用

当下新的人工智能发展方向是群体智能。以前我们的人工智能，包括机器人，都是个体的，现在发展到很多个，是受生物群体的启发。比如蜜蜂群体是一个“蜜蜂社会”，各项活动都井井有条，这表明群体进化比个体进化有优势。生物群体研究指出：生物群体至少有两个类型，一种群体叫做有等级的群体，就是有类似蜂王的群体。第二种是无等级的群体，比如鱼群是没有等级的，根据这个原理就可以做出机器人的情景智能。现在比较常见的就是无人机的群体智能，无人机使用蜂群战术比单个飞机具有很大优势。我们可以派无人机群进行群体侦察、群体打击以及群体干扰。在民用领域也一样，我们现在的机器人只能做一件事情，如果机器人要做几件事情，组成一个团队肯定更好。现在的民用集群机器人还处在表演阶段，并没有进入实用阶段，但我相信机器人的群体智能是下一个发展方向。

六、脑科学研究的国际竞争态势

1. 美国脑计划（BRAIN）

美国脑计划是奥巴马政府提出来的，于 2013 年开始实施。它的关键目标是为探索脑内细胞与环路在思维过程中的实时相互作用开发新技术，以期解析脑功能与行为的复杂关系。它的终极目标是深入理解心智的内在原理，提高脑疾病的治疗与诊断水平。

2. 欧盟脑计划（HBP）

欧盟脑计划于 2013 年 1 月启动，旨在获得脑神经网络活动信息，利用超级计算机来模拟人脑。它的目标是：（1）建立和运行欧洲脑科学、认知神经科学和脑启发科学的研究架构。（2）收集、组织与传播关于脑与脑疾病的数据。（3）运用超级计算机模拟脑结构与功能。（4）建立脑的多尺度支架理论与模型。（5）开发脑启发计算。

3. 日本脑计划

日本脑计划于 2014 年 6 月启动，总体目标是建立绒猴的脑图谱，为掌握大脑的工作原理以及神经疾病的治疗提供基础。它的具体目标是：（1）发展绒猴为神经科学模式生物。（2）构建多尺度的绒猴脑图谱。（3）发展试验新技术。（4）建立脑疾病的转基因动物，并整合转化成果。（5）与全球的脑计划合作，共享技术与资源。

4. 中国的脑科学研究现状

中国脑计划还在筹划中，但中国的科学家很早就关注到美国和欧盟的脑计划。2013 年 5 月，美国、欧盟提出脑计划后，时任国务院副总理刘延东即批示科技部、中科院、教育部、基金委组织了多次研讨。2014 年 3 月至 11 月，由科技部会同各部委组织了脑科学、类脑智能、脑疾病等多次专题研讨会，制订了发展战略，细化了具体方案。2015 年 3 月，中国脑计划专家组向刘延东汇报了“脑科学与类脑研究”专项筹划过程和内容。2016 年 5 月，习近平总书记在全国科技创新大会上指出，“脑连接图谱研究是认知脑功能并进而探讨意识本质的科学前沿，这方面的探索不仅有重要科学意义，而且对脑疾病防治、智能技术发展也具有引导作用。”

中国的脑科学研究比较全面，以揭示脑认知原理为主体，同时有三个应用方向：第一，用脑功能解析来驱动与认知障碍相关的重大脑疾病诊治。第二，用于帮助儿童和青少年的脑智开发。第三，用脑机融合的方法来推动内脑智能技术的发展。

5. 全脑介观神经联接图谱国际合作计划

人类的基因有基因图谱，人脑也要建立图谱。人脑图谱，是神经科学的基础。介观图谱就是将每个细胞的联接方式搞清楚。现在全球的科学家正在合作进行这项研究，并召开了多次研讨会。

探索脑的奥秘是人类认识自然、认识自身的重大挑战。通过脑科学研究促进人的创新能力发展，提升人民健康水平，是国家重大需求；社会各界对脑科学研究可能带来的技术创新和新兴产业发展有着重大期待。我们应抓住机遇，积极筹划，尽快启动“中国脑科学计划”及“全脑介观神经联接图谱国际合作计划”，参与国际竞争，抢占战略制高点，实现跨越式发展。

郝振省：同志们，按照惯例，我对今天的讲座做一个小结。

王教授首先介绍了脑科学研究的战略意义和大脑的奥秘，包括人类脑科学研究的一些重要成果和重要进程。例如讲到脑科学的研究获得了将近20个诺贝尔奖。特别是讲到了大脑低能耗的问题，阿尔法狗与人之间的人机大赛，虽然人类失败了，输给了阿尔法狗，但在能耗上，阿尔法狗的功率是20万瓦，而人脑的功率只有20瓦，并且阿尔法狗还需要100多名工程师作为支撑，反差巨大。人类在脑科学研究领域虽然取得了极大的成就和进展，但也存在诸多的盲点和困难，还需要我们进一步攻坚克难。

第二，王教授介绍了脑科学与人工智能的关系，脑疾病与健康用脑的关系。这实际上讲到了脑科学研究的两个方向。未来我们研究脑科学，一个是人工智能方向，一个是脑疾病的防治和诊断，包括医学和生理学的关系。向人工智能方向发展，就是在深度学习神经网络与视觉神经机制及其关系上做足文章。对视觉神经环路机制的研究，也能提升人工智能深度学习的能力。在把握脑科学与类脑人工智能关系的几个层面上，将来会推动脑机融合与增强智能，促进人工智能的发展。在脑疾病的治疗与健康用脑方面，讲到了自闭症、抑郁症、手机瘾等，这些都是人类面临的脑疾病方面的重要问题。我认为这两个脑科学研究的方向是一致的。人工智能的发展与脑科学之间，虽然不能简单定义因果，但其发展也取决于我们对脑结构、脑功能、脑机理等方面的研究成果。

第三，脑科学相关产业的展望。脑功能检测工具的使用，脑疾病的干预和诊断工具的开发，残疾人的神经义肢等，都证明了科研成果必须与产业结合。科学技术发展的规律，就是要与社会实践相统一，科学技术作为人类对自然界各种规律的总结，归根到底是源于人类的社会实践。而其服务于产业发展，又从产业发展中获得动力和条件，是最基本、最广泛和最可持续发展的社会行为，这种产业拉动是非常必要的。

王教授在短短两个小时里，给我们介绍了脑科学研究的重要成就和进展，重要方向和问题，重要目的和追求，帮助我们认识脑科学研究开发的重要意义，理解脑科学的机理和奥秘，了解脑科学研究的国际形势。我们应该更加自觉地落实贯彻我国的脑科学发展战略，增加我们的知识，增强我们的素质和能力。同志们，我们再一次用掌声感谢王教授的精彩演讲！

（本文根据王佐仁2018年7月28日在中央和国家机关“强素质·作表率”读书活动2018年第7期主题讲坛上的讲座内容整理）

主讲人：杜文龙

杜文龙，著名军事专家、中国军事文化研究会网络研究中心主任、军委科技委兼职委员，原中国人民解放军军事科学院研究员。主要研究方向为武器装备和作战理论。

中央电视台、中央人民广播电台、上海电视台、湖北电视台特约评论员。出版有《台湾军队百种装备大观》《核云笼罩下的伊朗军事力量》《海军陆战队装备识别概览》《军心雕龙》等书。在《解放军报》《中国青年报》《兵器知识》《舰船知识》《现代兵器》等报刊发表文章多篇。

国家安全形势新变化与战略选择

国家安全形势新变化与战略选择

郝振省：同志们、朋友们，大家上午好！今天是2018年第8期，总排序第112期中央和国家机关"强素质·作表率"读书活动主题讲坛。我们为大家特别邀请到我国著名军事问题专家，中国军事文化研究会网络研究中心主任，中央军委科技委兼职委员，原军事科学院研究员杜文龙同志作为我们今天的演讲嘉宾，大家欢迎他！

杜文龙同志今天主讲的题目是《国家安全形势新变化与战略选择》。这期讲座的初衷，是为了纪念中国人民解放军建军91周年。"八一"建军节最初是1933年7月11日中华苏维埃共和国临时中央政府根据中央革命军事委员会于1933年6月30日提出的建议而设立的。南昌起义打响了武装反抗国民党反动派的第一枪，标志着中国共产党独立创建革命军队、领导革命战争。中国新民主主义革命的胜利、社会主义建设的成功以及改革开放的历史性进步，离不开中国共产党的领导，也离不开中国人民的红色武装力量。毛泽东同志曾说，没有一支人民的军队，便没有人民的一切。我们从历史的厚度来读这句话的时候，心情又是沉重，又是自豪。当然，纪念建军是永恒的，但内容是与时俱进的，形式也是多种多样的，我们请杜文龙同志主讲这个题目就体现了这个原则。讲国家安全不完全限于军队，但是军队应该是它最主要的篇章，因为军队就是捍卫国家和人民安全的。

2013 年中央组建了由习近平同志任主席的中央国家安全委员会，“国安委”的宗旨就是提高国家在面临各种安全危机和挑战时的应变能力，也代表我国在捍卫国家安全和国家利益方面的决心和意志。作为中央和国家机关的司处级领导干部，我们有必要了解国家当前安全形势和国家利益的保护情况，以及相应的战略选择。

杜文龙同志多年来一直研究中国及周边地区安全问题，以及武器装备的革新与发展。他在重要刊物发表文章多篇，参加了数十部专著、教材的编写。他参加了包括建军 90 周年阅兵等重大活动的直播报道，频繁接受包括中央电视台在内的中外媒体访谈，是广受欢迎的资深媒体评论员。让我们热烈欢迎杜文龙同志开讲。

首先感谢主办方的盛情邀请，更要感谢各位利用周末时间关心国防、关注军事。今天上午与大家讨论的题目是《国家安全形势新变化与战略选择》，这个题目的核心词和关键词非常明确，就是安全。

关于安全的话题，2018 年 3 月李克强总理代表国务院所作的《政府工作报告》中提出：“面对国家安全环境的深刻变化，我们要以党在新时代的强军目标为引领，牢固确立习近平强军思想在国防和军队建设中的指导地位，坚定不移走中国特色强军之路，全面推进练兵备战工作，坚决有力维护国家主权、安全、发展利益。”这是我第一次在《政府工作报告》中看到“安全”后面出现了“深刻”。深刻的含义是什么？条件是什么？内涵和外延有哪些变化？

在党的十九大报告中习近平总书记强调指出：“坚持总体国家安全观，统筹发展和安全，增强忧患意识，做到居安思危，是我们党治国理政的一个重大原则。”而在庆祝中国人民解放军建军 90 周年大会上他指出：“必须强化忧患意识，坚持底线思维。……安不可以忘危，治不可以忘乱。”如果我们把党和国家领导人关于安全的论述做一个简单的综合和整理，我们得问自己三件事，什么叫安全？我们到底安全不安全？我们怎么做才会更安全？安全是个老话题，但现在又是个新话题。

目前的安全观得加上两个字“总体”，是总体国家安全观。习主席在 2013 年就任中央国家安全领导小组组长以后，我国的安全观出现了重大变化：以前是把国防安全作为主干，现在是构建集政治安全、国土安全、军事安全、经济安全、文化安全、社会安全、科技安全、信息安全、生态安全、资源安全、核安全等于一体的国家安全体系。跟以前的国防安全相比较，目前我们在三个空间范围内变化巨大。我个人进行了一个归纳和总结，这三个空间中虽然没有枪、没有炮，甚至没有一颗炸弹，但是它们对国家总体安全的影响正在不断加大。这三个空间是公共空间、虚拟空间和陌生空间。

第一，公共空间，就是谁都可以自由穿越的空间。美国国家航空航天局（NASA）认为距地面 92 公里以上的区域叫天。“空”“天”不是一回事，各国的战机、防空导弹、雷达系统捍卫的就是其领空的安全，而在全球范围内并没有“领天”的概念，国际公认距地面 10 公里以上的区域为公共空间，任何国家的航天器都可以自由穿越。美国卫星每天从我国上空飞越一百多次，他们的侦察卫星，包括光学成像卫星、红外成像卫星、雷达成像卫星，可以把我国的军事设施侦察得十分清楚。

第二，虚拟空间。我们每天都在用短信、微信、邮件发送各种情报、各种秘密。但是你发送的每个表情、每个符号在美国网络战部队面前都是可见的。美国的话音通信侦察能力十分强大，他们的撒手锏是锁定声纹。如果你的声纹中有 3 到 5 个点被对方采集，只要你开口，无论你用哪个号码发声，无论你在哪条线路说话，都会触动“小黑屋”里那个黑色的录音键。

第三，陌生空间。习主席在 2013 年将海洋方向确立为国家主要战略方向，对军队来说就叫主要作战方向。但是我们对海洋的认识有多少呢？美国去年做了个调查，问大家最熟悉海洋还是最熟悉月球。受访的美国人中有 90% 选的是远在 38 万公里之外的月球。这是因为从 1969 年到 1972 年，美国成功登月 6 次，仅失败 1 次，他们已经把 6 组共 12 人的脚印留在了遥远的月球上。但迄今为止，全世界能成功潜到水下 10000 米的人还非常少，所以海洋对我们来说也许更陌生。

我们安全吗？有两种安全观，第一是美国倡导的绝对安全观，第二是中国秉持的相对安全观。美国的绝对安全观很好理解，让美国得到一切，美国第一，美国优先。而中国则认为国家安全是相对的。我个人认为中国的安全指数是呈稳定、快速上升状态的。

我们怎样才能更安全？我认为应该从三个方面入手：第一是战略方针的调整，第二是作战方法的进步，第三是武器装备的发展。在当今国际环境下，我们对安全的理解也要有三条边疆：第一是主权边疆，第二是利益边疆，第三是新边疆。主权边疆是指主权边界线内的权益是不是稳定，领土有没有被蚕食，有没有被侵占，这是核心。如果主权边界线内的权益十分稳定，那我们的主权边疆问题就不大。现在看来，最大的问题是利益边疆，利益边疆没有实体的边界线，对其的控制及情报扶持、保障就比较困难。而军队是捍卫国家利益边疆的重要力量。用战略方针的调整和作战方法的进步解决想法问题，用武器装备的发展解决办法问题，如此，拳头才能更硬、手臂才会更长，我们才能在比主权边疆更远的利益边疆范围内维护国家利益。另外在非传统空间，比如虚拟空间、陌生空间、公共空间，同样存在着边疆，这就是新边疆，它的意义和影响不亚于前面两条边疆。这三条边疆共同构成了理解国家安全的主要话题。

一、我国边（海）防基本情况

我国是一个边（海）防大国，陆地国界线、大陆海岸线长度仅次于俄罗斯，居世界第二位。与世界主要国家和周边邻国相比，我国边（海）防全貌可用“长”“杂”“难”“弱”四个字概括。

第一是“长”，指边（海）防线漫长。我国陆地边界线和大陆海岸线总长4万余公里。其中，陆地边界线长22339公里，我国自北而南依次与朝鲜、俄罗斯、蒙古、哈萨克斯坦、吉尔吉斯斯坦、塔吉克斯坦、阿富汗、巴基斯坦、印度、尼泊尔、不丹、缅甸、老挝、越南14个国家接壤。以前我们认为邻国多、朋友就多。但是从安全和军事视角去看，邻国越多，麻烦就越多；邻国越多，潜在的冲突和矛盾就越多。这些接壤国家一有风吹草动，短时间内就会对中国境内构成比较大的影响。我国大陆海岸线长18400.5公里，自北而南依次与朝鲜、韩国、日本、菲律宾、马来西亚、文莱、印尼、东帝汶、越南9个国家海域相邻。我国有500平方米以上的岛屿6500多个，岛岸线长14248公里。所以这个“长”是一个大问题。

第二是“杂”，它有两层含义。一是历史遗留问题复杂。我国先后与俄罗斯、哈萨克斯坦、吉尔吉斯斯坦、塔吉克斯坦、老挝、越南解决了陆地边界问题。目前，我国与印度、不丹有争议地区13块，面积达12.6万余平方公里。按照《联合国海洋法公约》，我国应拥有约300万平方公里的管辖海域，但半数以上与邻国存在争议。在黄海和东海，与朝鲜、韩国和日本有专属经济区与大陆架划分问题，日本还部分控制着我国钓鱼岛及其附属岛屿；在南海，我国与越南、菲律宾、马来西亚、文莱、印度尼西亚存在岛礁归属和海域争端，我国南沙群岛的 42 个岛礁被侵占，有关国家正在大肆掠夺那里的海洋生物和油气资源。二是境内外情况复杂。从外部看，对我国防范戒备的国家多；从内部看，我国存在着民族分裂、宗教渗透等问题。可以说，我国内忧外患并存，传统与非传统安全威胁交织。

第三是“难”，指管理控制困难。在陆地边境，外国人非法越界、滞留和向第三国偷渡问题突出；相关国家在我国边境地区的情报、宗教渗透活动愈演愈烈；境内外“三股势力”相互勾结，分裂恐怖活动猖獗；中印边境斗争尖锐复杂；西南边境贩毒、贩枪、拐卖妇女、赌博等问题严重；缅北武装冲突时有发生，直接影响我国边境稳定。

在海上和沿海地区，邻国侵占我国管辖海域和岛礁，掠夺我国海洋资源；海盗、海上抢劫、偷渡走私等活动猖獗；个别地区海上越界捕捞、挤占军港航道，甚至人为破坏海防设施的问题十分突出；因海洋开发引发的群体纠纷、违规作业、阻塞航道、海难事故越来越多，严重影响我国海上和沿海地区的安全稳定。

第四是“弱”，即防卫能力弱。一是一线兵力弱。我国在陆地边境与蒙古、巴基斯坦、尼泊尔、老挝一线兵力大体相当，与俄罗斯、哈萨克斯坦、吉尔吉斯斯坦、塔吉克斯坦相比为 1:2，与印度相比为 1:4，与朝鲜相比为 1:7。在海上，与日本、朝鲜、韩国等相比力量悬殊。二是能力手段弱。表现为侦察监视水平低，机动能力差，震慑手段少，遇有重大突发事件难以有效应对。战备执勤“看不见”“出不去”“追不上”的问题严重。三是部队建设水平低。边（海）防部队常年担负着一线战备执勤任务，可以说养兵千日、用兵千日，但在建设分类中属“一般部队”，建设和保障标准比绝大多数部队要低，战备设施普遍薄弱。

二、我国周边安全的基本态势

当前，我国周边安全形势总体保持稳定，但也存在诸多不确定、不安全因素。基本态势是：北部相对稳定，东南威胁渐增，东北、西南危机潜伏，南部变数较大。对我国安全构成长远威胁的是美国，而当前最现实的威胁是台海“台独”问题、东海“钓鱼岛”问题和南海岛礁问题。纵观我国周边安全面临的挑战与威胁，可概括为以下4个方面，“战略受制”“对手环伺”“热点突出”“隐忧常在”。

（一）战略受制，美国对我国战略围堵大势已成

美国坚持西化、分化、弱化我国的战略图谋，对我国奉行“接触加遏制”的政策，视我国为“潜在战略对手”，加紧对我

国进行战略牵制和包围，是我国推进祖国统一、维护领土安全和保持平稳发展的主要威胁。在战略布局上，北约和美日同盟为东西“双矛”，韩国、澳大利亚、新西兰、印度、泰国、新加坡等为支点，形成了对我国“东西对进”“多点挤压”的战略围堵态势。

（二）对手环伺，周边主要国家对我国构成潜在威胁

从利益向背、战略取舍、实力强弱、恩怨大小等方面分析，我国还面临许多周边潜在战略对手的威胁。有句话叫“天堂在左、日本向右”。日本部分控制着我国钓鱼岛及其附属岛屿，今年还准备修改“和平宪法”，如果完成修宪，就将“不战”扔到太平洋海底了。

印度一心想称霸南亚，军事上视我国为主要威胁，奉行“攻巴防华”战略，支持达赖分裂活动，在中印边界问题上态度强硬，严重威胁我国西南安全。

越南对我国奉行既合作、又斗争的方针，与美国在军事领域勾搭，伙同菲律宾、马来西亚与我国争夺南沙岛礁，极力搜集我方情报，在边境沿海地区抓紧修建针对我国的军事设施等。

（三）热点突出，我国周边业已存在和潜伏的危机日益凸显

世界经济重心向亚太转移，既给亚洲国家发展带来了机遇，也使我国周边成为各类势力插手、各家利益纷争、各种矛盾聚焦的热点地区。当前，部分涉及我国战略利益的热点、敏感问题凸显，严重影响着我国安全。

一是西部反分裂问题。西部分裂势力主要指达赖集团和“东突独”组织。达赖集团主要盘踞在印度达兰萨拉地区，并得到美、加、澳、欧盟等国家和集团支持。近年来，达赖调整了活动策略，极力推动非暴力活动，与中央政府谈判的愿望迫切，但“藏独”年轻一代的暴力倾向明显。“东突独”组织比较庞杂。部分团伙被列为恐怖组织后，活动渐趋隐蔽，人员大多聚集于巴基斯坦的白沙瓦、吉尔吉斯斯坦的比什凯克、哈萨克斯坦的阿拉木图、土耳其的伊斯坦布尔、德国的慕尼黑等地。这两种分裂势力的共同特点是其领导机构都在境外，都有美国背景，都与境内分裂势力频繁勾结，都通过边境潜入潜出。比较而言，达赖集团更侧重政治造势，意在争取国际支持，而“东突独”组织侧重恐怖破坏，其活动更为猖獗，危害性更大。

二是朝核问题。朝核危机起于 20 世纪 80 年代，后几经起伏，目前已成为我国周边最大的热点问题。据悉，朝鲜已掌握了核材料生产、爆炸技术。美国、日本出于意识形态考虑和战

略需要，刻意加剧危机。一旦危机激化，后果不堪设想，我国东北、渤黄海方向将面临巨大的战略压力。

（四）隐忧常在，引发连锁反应的可能性增大

台湾问题已成为对我国安全的最大威胁。一旦台海发生危机，极有可能在中朝、新疆、中印和南海方向引发连锁反应。连锁反应将以领土争端为导火索，以美国插手和支持为共同特征，会使我军面临"一场战争、多个战场"的复杂局面。

三、我国周边安全的对策思考

（一）战略指导创新

随着我国综合国力的增强、在国际社会中地位的提高、利益边界的拓展，我国防御性战略方针将进入调整期。我国积极防御战略方针的外向性、主动性将大幅度提升。随着我军承担的使命任务发生重大变化，防卫行动的外向性和主动性将越来越强。

（二）作战理论创新

习主席深刻指出："科学的军事理论就是战斗力，一支强大的军队必须有科学理论作指导。"作战理论作为军事理论的重要组成部分，应着眼打赢信息化局部战争核心需求，加大在微观作战领域、作战理论研究方式、成果转化机制等方面的创新力度，扎实有效地推进作战理论创新发展。

（三）武器装备创新

经过新一轮快速发展，我军武器装备已经从发力追赶进入到与外军先进装备同台竞技的历史新阶段。现在可以用"四个有"来评价我军武器装备的水平，即对美有手段，对俄有超越，对日有优势，对台有把握。例如以前我们对美国的航母编队缺乏打击手段和反制措施，现在我国的东风-21D中程反舰弹道导弹和东风-26弹道导弹就可以对航母编队构成威慑，使之不敢进入我导弹打击范围内，这就是对美有手段。

最近我们建造航母，好多人说造它有什么用，不就是五万吨级的常规装备，没有什么大的进步和发展。但这艘航母的建造让中国有了建造更大、更先进航母的技术基础。例如用于航母的特种钢材是我们自己制造的，甲板钢要抗烧蚀，水线以下的钢要抗冲击，我们现在就解决了这些问题。建造航母还需要大型装备，英国的"伊丽莎白女王"号航母就是用中国的大型龙门吊完成建造的。建造航空母舰当然也需要大量的人才，中船重工董事长、中国航母工程总指挥胡问鸣曾表示，中国航母研发人才队伍的平均年龄是 36 岁，他们能造 30 年的航母。反观俄罗斯，目前他们唯一的航母"库兹涅佐夫"号又入坞维修了，可能要到 2020 年以后才能重新投入使用。另外我们的导弹驱逐舰也大幅领先于俄罗斯。这就是对俄有超越。

今天说了这么多，肯定有一些地方说得不对，因为这只是我个人的看法。美国物理学家亨利·奥古斯特·罗兰是美国物理学会创始人，他 31 岁就当选了美国科学院院士。1883 年 8 月 15 日，他在美国科学促进会的年会上发言，题为《为纯科学而呼吁》，这篇发言被誉为美国科学史上的"独立宣言"。他在其中这样讲道："我时常被问及这样的问题，纯科学与应用科学究竟哪个对世界更重要。为了应用科学，科学本身必须存在。假如我们停止科学的进步而只留意科学的应用，我们很快就会退化成中国人那样，多少代人以来他们都没有什么进步，因为他们只满足于科学的应用，却从来没有追问过他们所做事情中的原理。这些原理就构成了纯科学。中国人知道火药的应用已经若干世纪，如果他们用正确的方法探索其特殊应用的原理，他们就会在获得众多应用的同时发展出化学，甚至物理学。因为只满足于火药能爆炸的事实，而没有寻根问底，中国人已经远远落后于世界的进步，我们现在只是将这个在所有民族中最古老、人口最多的民族当成野蛮人。"

135 年前美国人对中国人如此的评价，我们看了很生气。习主席主持军委工作以后，对我们提出要以“问题意识”为导向。举一个美国军队演习的例子，当他们完成科目后会列出一份问题清单，如果下一次进行同一个科目的演习，而问题变少了的话，那就说明进步了，问题清单的清零就是进步的表现。

我们回过头来看看罗兰的评论，好像有点儿道理。我们的祖先最先了解火药能爆炸的事实，但他们将其用于制造鞭炮，来驱赶那个叫“年”的鬼。而洋人用火药来制造速射武器，结果速射武器的始作俑者并不是发明火药的我们。指南针也是如此，我们的祖先发明了它，而洋人则用它征服了海洋。所以速射武器、指南针让小国们成了“海上马车夫”，西班牙、葡萄牙打遍全球、抢遍全球，以小国的体量完成了成为强国的财富积累。

最后，关于国家安全问题，我觉得至少有三个意识要讲。第一，如果有好的技术就先用在军事上，总能获得最大的效益。第二，我们要有忧患意识、底线思维，做到防患于未然，处乱而不惊。第三，今天安全不是真安全，只有明天安全、后天安全，那才是真安全。如果今天不生活在未来，明天就将生活在过去。

谢谢各位!

郝振省：按照惯例，我对今天的讲座做一个小结。

第一，杜文龙同志从公共空间、虚拟空间、陌生空间来理解国家的安全问题，将安全分为绝对安全和相对安全，并且从主权边疆、利益边疆及新边疆三个角度进一步阐述了安全问题的演变，特别讲到了我国边（海）防“长”“杂”“难”“弱”的历史及现状，这些都有助于我们理解习近平同志“总体国家安全观”的思想。

第二，杜文龙同志讲到当前我国周边安全的基本态势，用了十六个字加以概括。一是战略受制，讲到美国对我国已经形成围堵的战略态势，奉行“接触加遏制”的政策。二是对手环伺，讲到日本的领土野心、印度的称霸南亚等。三是热点突出，我国周边业已存在和潜伏的危机日益凸显。四是隐忧常在，倘若爆发一场战争，则可能会引起连锁反应等。这使我们看到我国国家安全形势的严峻性、对手的复杂性和挑战的多元性。也使我们更能够理解习近平同志“安不可以忘危，治不可以忘乱”的提醒，理解他关于必须强化忧患意识、坚持底线思维的重要思想。

第三，杜文龙同志讲到了我国周边安全的对策思考，包括需要战略指导创新、作战理论创新，以及武器装备创新。还讲到我们的武器装备达到了对美有手段、对俄有优势的水平。我觉得这里不只是“安不可以忘危，治不可以忘乱”的问题，关键要有转危为安、甚至“治之于未乱”的能力，并且要有与之相匹配的实力。

杜文龙同志作为军事问题专家，为我们做了一场接地气、有灵气、长志气的演讲，让我们再一次感谢他！

（本文根据杜文龙2018年8月25日在中央和国家机关“强素质·作表率”读书活动2018年第8期主题讲坛上的讲座内容整理）

主讲人：金曼

金曼，著名女高音歌唱家，歌剧表演艺术家，中国歌剧学科创始人，北京大学歌剧研究院院长、教授，中国歌剧研究会常务副主席。历年来荣获第十三届世界青年联欢节金奖、中国金唱片奖、第九届中国戏剧梅花奖等奖项。

金曼教授致力于歌剧观念的变革，创立了中国的歌剧学派和系统、完整的歌剧学学科。她倡导并实践用中国美声来表演原创的中国歌剧，主持创作的《青春之歌》《江姐》《钱学森》《宋庆龄》《王选之歌》《中国咏叹》《武则天》等歌剧，具有独特的艺术气质和精神品格，是体现新时代中国歌剧美学的典范之作。

中国歌剧艺术欣赏——兼谈中国美声的魅力

中国歌剧艺术欣赏——兼谈中国美声的魅力

郝振省：同志们、朋友们，大家上午好！

今天是2018年第9期，总排序第113期中央和国家机关“强素质·作表率”读书活动主题讲坛。我们为大家特别邀请到我国著名女高音歌唱家、歌剧表演艺术家，中国歌剧学科的创始人，北京大学歌剧研究院院长金曼女士，大家欢迎她！

金曼院长今天演讲的题目是“中国歌剧艺术欣赏——兼谈中国美声的魅力”。相关部委的领导同志也来到现场，和我们一起聆听金曼教授的讲座。他们既是聆听者更是组织者，感谢他们对读书活动的长期支持和奉献。

同志们，金曼教授是我国著名的歌剧表演艺术家，多年来她在歌剧舞台上演绎了大量歌剧作品，塑造了江姐、林道静、宋庆龄等众多人物形象，深受广大观众喜爱和欢迎。她就任北大歌剧研究院院长以来，致力于歌剧观念的变革，在继承中国优秀歌剧艺术传统、消化吸收西洋歌剧科学发声方法的基础上，创立了中国学派、中国风格的歌剧学科，培养了一大批高素质的歌剧人才。她一直在倡导并实践，用中国美声来表演原创的中国歌剧。她主持创作的《青春之歌》《钱学森》《宋庆龄》《王选之歌》等歌剧作品，都是追求新时代中国歌剧美学的成果，具有独特的艺术气质和精神品格。大家热烈欢迎金曼教授开讲。

大家早上好！非常高兴能和在座的中央和国家机关的领导干部进行交流。我是北大歌剧研究院的院长，经历过很长的创业过程，而且现在依然还在创业。创业就意味着做很多前人没有做过的事情，做很多之前不被人理解和认知的事情。

一、北大歌剧研究院的创立和发展

2005 年我开始筹办北大歌剧研究院，第二年学科建设方案正式通过，从此我们便开始了漫长的筹资、筹人、筹事的过程。直到 2010 年我们被批准去掉了“筹”字，于是北京大学歌剧研究院正式挂牌成立了。可以说在中国音乐教育史上，我们画上了能够填补空白的一笔。

在中国艺术教育中，应该说还没有真正的歌剧教学。真正的歌剧教育需要什么？需要系统，需要专业。虽然之前的各个音乐院校里都有声乐歌剧系，但它们还是以声乐教学为主导，只是涉及与歌剧相关的一些咏叹调的学习。

歌剧是一个完整的、系统的学科，与戏剧、戏曲相比，虽然它们同属艺术类，但歌剧是专业化要求非常高的一种艺术形式。所以建立歌剧研究院的意义，一方面是要培养歌剧的专业人才，另一方面是要推动中国歌剧的发展。

在座的很多人可能都对歌剧有一定的了解和认识，我今天讲的是中国歌剧，但是我们要从歌剧的源头开始讲起。歌剧艺术诞生于西方，最早的歌剧出现在 17 世纪的意大利。经过了四五百年的发展，如今全世界都能够分享到歌剧艺术的辉煌成就。歌剧汇集了音乐、文学、戏剧、舞蹈、美术等艺术形式，是一个集大成的艺术品种。所以宽泛地说，中国的戏曲也属于歌剧艺术。

有人说歌剧艺术是能够体现一个国家文学艺术发展高度的标志性艺术品种。在我最初创立歌剧研究院的时候，曾去拜访过乔羽老先生。我说您认为歌剧是什么样的艺术？他说“歌剧是文化艺术领域的航天工程”。我国著名作曲家、中央音乐学院原院长吴祖强先生认为歌剧是“艺术的巅峰，音乐的极致”。现在我用非常通俗的语言来解释歌剧是怎样的艺术——歌剧是唱着讲故事的艺术，是人类表达情感最极致的方式。为什么这样说呢，人最基本的表达和交流方式是说话，当一般语言不足以表达我们情感的时候我们用什么？用诗歌！中国传统文化中历来就有这样一种表达方式，叫吟诵。我们所有的诗词最早都是通过吟诵来和大家交流的。从说话发展到吟诵、朗诵，最后发展到歌唱。而用歌唱来表达我们内心深处感情的方式，就是歌剧。

那么歌剧需要什么样的教育？我于 1981 年入伍到空政文工

团，1984 年我有幸出演歌剧《江姐》。我就是在那个时候真正认识了歌剧，同时也深深爱上了歌剧。在演了江姐这个人物后，我感到剧中人物的精神、思想、气质会潜移默化地和我融合在一起，我会不由自主地把这些东西带到现实生活当中。我提出在北京大学创办歌剧研究院的时候，很多人认为我只有大专文凭，这样做胆子太大了。但是我演了歌剧，我知道成为一个歌剧演员需要什么样的学习方法，需要什么样的学习环境，需要什么样的专业教育。

我在 2000 年把歌剧《江姐》改编成了交响清唱剧，之后我在全国范围内招募演员。那个时候我完全没有想到中国歌剧演员的培养基础为零。我招来的几十个演员都是上海音乐学院、中央音乐学院、中国音乐学院等专业院校的毕业生或在校生。但看到他们后，我觉得不可能实现将交响清唱剧向全国推广的初衷，因为来的人完全没有基础，就像我最开始接受《江姐》演出任务的时候一样，表演基础是零。于是我就照猫画虎地教他们，但我发现一个人的力量太微薄了，便放弃了马上推动演出的计划，我们开办了歌剧演员的培训班，用三个月对这些歌剧演员进行了强化训练。

此后我便有了创办歌剧学院的想法，目的就是培养歌剧方面的专业人才。北大歌剧研究院成立的时候，歌剧界欢欣鼓舞。乔羽老先生说，我当中国歌剧舞剧院的院长 17 年，我们歌剧领域的人才匮乏，一直在呼吁创办歌剧学院也没有办成。王昆老师说，我努力了 20 年不果的事情，金曼今天把它做成了，我们真的有了一个培养歌剧人才的机构。

北京大学歌剧研究院自建立以来，到现在已经有了4届毕业生。我们招收的都是研究生，一年只招8个学生，我们把中国歌剧界的精英，甚至世界歌剧界的精英请来给学生们上课。我们的老师数量比学生多好几倍，每一个老师都要和学生进行充分交流，因为老师们拥有的优势和特长是不一样的，我希望我们的学生能够在这样一个环境里学习、成长。我们这种教学模式开创了中国音乐教育的先河，打破导师制，让所有学生都有机会接受全面的、多元的、专业的歌剧教育。不仅是歌剧表演专业的演员，还包括歌剧创作、歌剧制作、歌剧理论等方向，我们同时并举，现在已经有了5个专业方向的研究生。接下来我们希望能够达到一级学科的标准，开设博士教学点，培育出更高层次的人才。

我们不仅培养学生，还推动歌剧原创。为了纪念五四运动90周年，我们在2009年推出了歌剧研究院的第一部原创歌剧《青春之歌》。我认为《青春之歌》将来会成为像《江姐》一样的经典作品。我们还以北大教授王选为原型，创作出了歌剧《王选之歌》。我们把这部歌剧定位为校园歌剧，因为王选的成就诞生于北大。《王选之歌》是以王选发明计算机汉字激光照排技术的历程，以及他与陈堃銶之间的爱情为主线创作的一部歌剧，这部作品拥有精彩的剧本和动听的音乐，因此公演以后好评如潮。我们还创作了《宋庆龄》《钱学森》等一系列歌剧作品。我相信这些作品都能在中国歌剧史上留下浓墨重彩的一笔。

二、中国歌剧的现状

接下来为大家简单介绍中国歌剧的现状。曾经有一段时间，媒体报道说当前中国歌剧呈现出井喷式的发展。那么井喷的是什么？喷出来的不全是油，也会喷出污泥等没有任何价值的东西。这样的井喷式发展，对于我们来说是机遇，更是挑战。

一个国家歌剧的发展水平，是这个国家文学艺术水平高低的重要标志，因为歌剧是造诣达到极致的文学与音乐的完美结合。很多作词家的梦想是能为一部歌剧作词，因为歌剧的作词家不仅要有编剧本的水平和能力，还要以音乐为基础，用诗性的语言去创作歌词，如此才能完成一部优秀的歌剧剧本。同样的，很多作曲家的梦想是能为一部歌剧谱曲，很多歌唱家的梦想是能出演一部歌剧。

歌剧为广大观众喜爱和痴迷，能够长久不衰，究其原因，首先是歌剧的声音。人最极限的声音，男高音可以唱到 high C、high D，女高音可以唱到 high D、high F，这都是未经训练的一般人无法做到的。歌剧中的咏叹调、宣叙调是什么？咏叹调唱的是人物内心活动，也就是其此时此刻要表达什么样的感情。在电视剧、话剧中都没有咏叹调，它们的内心独白表现方式是话外音和旁白。但是歌剧不一样，歌剧就是要将此时此刻我在想什么、我的悲哀、我的欢乐都唱出来。歌剧中的歌词可能只有两三个字，但可以唱上 5 分钟。由于音乐的起伏变化，听众不会因这三个字唱这么长时间而产生厌烦，这就是歌剧的魅力。歌剧就是用这样的方式去讲人类的故事、讲动物的故事，讲所有可以表达我们情感的故事，所以歌剧是极致的艺术，是艺术的巅峰。而宣叙调的作用就是讲事，比如人物在交代过去，舞台上的对话等等，这些都用宣叙调。

实际上歌剧的结构和音乐的推动，都要有戏剧的支撑，所有的音乐都要为这部歌剧的人物情感服务。在歌剧里音乐虽然是主导，但需要符合人物的情绪和所要表达的感情。现在很多歌剧中，10个人物都唱相同的曲调，这就没有抓住歌剧所要表达的人物之间的差别、个性。

中国歌剧只有不到百年的历史。我们熟知的作品都是上世纪40年代新歌剧《白毛女》诞生后所创作的歌剧，像《小二黑结婚》《红珊瑚》《洪湖赤卫队》，包括《江姐》等，这些作品在几十年前就深入人心了。我出生在黑龙江省牡丹江宁安市的一个林场里，我在七八岁的时候就会唱很多歌剧选段，像《洪湖赤卫队》《红珊瑚》的选段等，还有《江姐》的咏叹调《我为共产主义把青春贡献》。

歌唱在歌剧中占据主导地位，它对歌唱者的要求非常高。在歌剧的创作过程中，剧本创作是一度创作，而歌唱是二度创作，它是塑造人物形象、把平面变成立体的一个环节。歌唱者一定要让观众在歌唱的声音中感受到画面，要让观众入耳、入心、入眼。歌剧好听好看才能让观众心动，如果看完了连印象都没有留下，那就是失败的作品。观众也不需要成为鉴赏专家，只要坐在台下，懂得感受就可以。我们去欣赏歌剧、欣赏话剧，在这一两个小时里得到的是什么？是艺术家为我们创造的精神食粮，我们用五官感受着优秀的作品，滋养着我们的心灵。

我在 2004 年当全国政协委员的时候有一个提案，就是改革中小学的音乐课程，音乐课要像体育课那样，学生不达标就不可以毕业。因为那个时候，我翻看孩子的小学音乐课本，发现音乐课上的教学内容与课本完全不一样，我觉得这部分教育已经缺失了。如果光靠家庭教育，为了升学、为了利益而让孩子学音乐，这是非常可怕的。音乐要成为我们生活中不可分割的一个部分，学校和家长都要有这样的意识。

中国歌剧的发展一定要面向世界。我们正在向世界的中心靠近，但大家要知道我们只是靠近了中心，而不是已经在中心，我们要付出更多的努力，要建立文化自信，这是我们文化领域奋斗的目标。而文化交流也不仅仅是你来我往，我们拿什么去和人家交流，给别人看什么，这非常重要。并不是有特色的东西就可以交流，一定是被别人需要，别人能够听得懂、容易理解、愿意接受的文化，才能拿出去与别人交流。所以我们要做一些努力，使中国歌剧能够世界化，用其他国家观众听得懂的表达方式去跟人家交流，这就非常容易被接受。

三、中国美声的魅力

我提出了中国美声这样一个概念。美声源于美声歌剧时代的一种唱法，现在广为世界分享和使用。西方国家，特别是英国、德国、法国、俄罗斯，都相继在美声歌剧时代历经百年后，诞生了本国语言的歌剧。现在全世界公认意大利语最适合演唱美声，因为它只有五个元音，非常简单。而用法语、德语等其他语言演唱美声，则是经过了很多人几十年的研究和探索，才得以实现语言和美声唱法的完美结合。我很反对把外国歌词的原文直接改成中文，这实际上是完全改变了它的意韵，所以不好听。我之所以提出中国美声，是因为一些人用美声的唱法唱外国歌曲时唱得很好，但唱中国歌曲时却唱得不好，这是一个非常严重且普遍的问题。实际上歌唱者的口型一旦脱离语言表达的基本框架，就会显得很奇怪，因为它改变了我们语言表达的常态，过于夸张了，实际上演唱并不需要这样的夸张声音，关键是唱得跟说得要一样清楚才好。

意大利歌唱家，被誉为世界三大男高音之一的帕瓦罗蒂，他唱任何作品都需要有人指导他，比如这个节奏在哪里迅速归韵等，这些都是有严格的教学程序的，但是中国的音乐教学就缺少了这个环节。北大歌剧研究院招生以来，我就发现很多学生根本不会唱中国歌曲，原因是他们上学的时候，没有人教他们怎么唱中国歌曲，特别是用美声的方法唱，而且很多教美声的老师自己就唱不好中国歌曲。所以说我们作为中国人唱不好中国歌曲，实际上并不是作品的问题，而是歌唱者本身的问题。

因此中国歌剧的发展方向，一是建立国际化的美声唱法，面向世界，二是唱好中国的语言，使音乐和语言完美结合，如此才能精准地表达中国人的感情。为什么用美声这个方法最好？第一是国际化，第二是声音的质量、音色好，还能耐久地歌唱。所以我们才要学习中国美声，用好的方法服务于本土的语言、本民族的作品。

2017 年我国驻英国大使刘晓明邀请我们在英国举办了中国美声专场音乐会，获得了非常好的反响。当时刘晓明大使特别邀请了英国的主流媒体，他还说："中国美声是西方技术与中国文化深度融会的典范。"我们希望中国美声能够被更好地推广，得到世界的认可。

在我唱《江姐》之前，我国的歌剧很少有角色从开始到结束用同一个演员，都是中间要换一个人，为什么？唱不下来。我唱歌剧《江姐》的时候一开始用偏民歌的唱法，但因为我本身是学美声的，所以后来彻底改用美声唱法唱，因为这样的唱法更有张力、更有戏剧性，我可以用这种唱法去塑造和诠释同一人物的不同情感。为使我们在歌唱当中用美声去完美地表达作品的风格，我们进行了各种各样的探索。比如去年我们对现代京剧《智取威虎山》进行改编，全部用美声唱法演唱，公演后反响非常好。但是也遭到了很多人的质疑，说这个不是京剧。对，我唱的是歌剧，我是按照歌剧的咏叹调唱的。

所以美声就是一种歌唱的方法，能够完成不同作曲家、不同作品的风格化的表达。用美声可以唱民歌、唱流行歌曲、唱戏曲，当然也可以唱歌剧。我们可以用美声唱出歌剧中不同角色的喜怒哀乐。

过去的民歌歌剧好不好？非常好！它奠定了中国歌剧发展的基础。但是我们今天要建立这个时代所需要的，也是世界歌剧所需要的歌剧的样式和标准，要达到一个新的高峰，还要向西方歌剧学习。举个例子，《江姐》里所有的歌剧唱段都缺少重唱的部分，就一个旋律，这个人唱完了那个人唱，跟戏曲非常像。《沙家浜》的“智斗”，三个人同时在台上，但都是你唱一段他唱一段，没有同时几个人一起唱的。西方歌剧特别有魅力的地方，就是一个时间内的戏剧量非常大，五六个人同时唱，我唱我的，他唱他的，每一个人都在此时此刻表达情绪，我觉得这是非常棒的，是值得我们借鉴和吸收的。今天我们创作的歌剧已经汲取了很多西方歌剧的精髓。

我们希望中国美声能够改变中国歌剧。中国美声最大的魅力就是能够在世界不同的舞台上传递中国人的感情，中国人的思想，中国人的精神，中国人的文化。希望我们在未来能够用中国美声为中外观众充分展现中国歌剧的风采。谢谢大家！

郝振省：下面按照惯例，我将今天的讲座做一个小结。

金曼教授一开始讲北大歌剧研究院的创立和发展，进而讲到歌剧的概念、历史和其他相关知识，让我们跟着她进入到一个非常深邃的艺术领域。我觉得大家听完讲座后能够对歌剧有一个基本的了解。她特别讲到歌剧是衡量一个国家文化艺术水平高低的重要标志，它是艺术皇冠上的明珠。她也讲到了中国歌剧近百年来的坎坷和辉煌。我们看到，一部民族歌剧史承载着百部优秀歌剧，所有这些不仅仅向大家介绍和传播了歌剧知识及中国歌剧的历史，更使我们感受到中国歌剧始终与我们中华民族的苦难辉煌相伴随而产生，相依赖而发展。

金曼教授讲到当前中国歌剧在世界上的地位和面临的挑战，讲到了中国美声，提出我们要在立足本土的基础上，将西方的精华融入中国流派，形成中国美声学派。讲到当今中国歌剧、中国美声唱法存在的缺点与不足，也使我们深深感受到中国歌剧前行的压力和动力。

在金曼教授睿智而激情的演讲中，我们感受到了中国歌剧希望立于世界歌剧之林的坚定追求和决心，感受到了中国美声唱法无可替代的声音穿透力和难以比拟的艺术表现力。更重要的是，我们能够感受到当代中国歌剧艺术家对国家和民族的伟大担当。让我们再次感谢金曼教授的精彩演讲。

（本文根据金曼2018年9月15日在中央和国家机关“强素质·作表率”读书活动2018年第9期主题讲坛上的讲座内容整理）

主讲人：金涌

金涌，1935 年 7 月生于北京。清华大学教授，中国工程院院士。国务院学位委员会化工学科评议组召集人（第四届至第六届）。北京市政府专业顾问（第三届至第六届），中国颗粒学会常务理事，中国化工学会常务理事，中国环境学会顾问，中国生态经济学会副理事长。

长期从事化学反应工程、流态化反应工程教学与研究工作。在国内外发表学术论文 400 余篇，获技术专利 37 项。曾获全国优秀教师奖、全国五一劳动奖章、北京市教学名师奖。2006 年获美国化学工程师学会 PSRI 讲座奖。2016 年获第十一届光华工程科技奖工程奖、全国十大科学传播人物奖。2017 年获全国创新争先奖、清华大学突出贡献奖。并先后获国家技术发明二等奖 1 项，国家科技进步二等奖 1 项，部委级科技进步一、二等奖 10 余项。

从诺贝尔奖谈创新能力的养成

从诺贝尔奖谈创新能力的养成

郝振省：同志们、朋友们，大家上午好！

今天是2018年第10期，总排序第114期中央和国家机关“强素质·作表率”读书活动主题讲坛。我们为大家特别邀请到清华大学教授、中国工程院院士金涌先生，大家欢迎他！

金涌院士今天主讲的题目是“从诺贝尔奖谈创新能力的养成”。我们认为这个题目非常有现实意义：第一，党的十九大报告提出，创新是引领发展的第一动力，是建设现代化经济体系的战略支撑。而诺贝尔奖是衡量一个国家科技创新能力的重要指标。第二，近年来我国的莫言先生、屠呦呦女士获得了诺贝尔奖，这表明中国同诺贝尔奖的联系越来越紧密。第三，进入21世纪，我们的邻国日本已经有18位科学家获得了诺贝尔奖，这与他们在世纪之初制定的诺贝尔奖计划有一定的关系。这些因素，是我们邀请金院士来讲本期题目的原因所在。

金涌院士长期以来从事化学反应工程、流态化反应工程教学与研究工作。在国内外发表学术论文400余篇，获得技术专利37项。曾获全国优秀教师奖、全国五一劳动奖章、北京市教学名师奖、美国化学工程师学会PSRI讲座奖和国家科技进步奖等多个奖项。同志们，让我们以热烈的掌声欢迎金院士开讲。

各位领导、各位同志，大家早上好，非常高兴有机会跟大家一起交流。

经过了三四十年的高速发展，我们国家在经济上取得了很大的成绩。但是，我们过去的发展模式是以生产要素扩张为主要手段的，也就是以环境污染为代价，不断兴建工厂，不断消耗资源的发展模式。到了21世纪初，党中央认识到这样的发展是不可持续的，必须要改变发展模式，因此提出了科学发展观。科学发展观的内涵就是要通过科技创新来驱动经济发展，这样的发展才是永恒的、可持续的。所以，创新就成为我们这个时代社会经济发展的最重要的驱动力。作为教育工作者，如何使我们的下一代具备创新能力，是一个根本问题。今天就这个问题我谈谈自己的看法。

一、从诺贝尔奖看化工造福人类

获得诺贝尔奖的科研成果对社会发展和进步起到了巨大的推动作用。例如，20世纪初哈伯凭借其发明的合成氨工艺获得了诺贝尔奖。合成氨工艺可以说是现代化工的鼻祖。新中国成立初期我们的粮食年产量是一亿吨，后来我国人口增加了三倍，粮食产量增加了 6.5 倍，如此巨大的粮食产量靠的就是合成氨技术生产出来的尿素。这就说明诺贝尔奖是社会发展的巨大动力。再举一个例子，我们治病经常使用抗生素，而抗生素的鼻祖就是青霉素，青霉素的发现也是得了诺贝尔奖的。

所以诺贝尔奖既是对社会、对自然界规律认知取得成就的体现，也是促进人类社会发展的重要推手。

二、科技发展取决于创新

科技进步是社会发展的内生要素，是依靠社会本身产生的。尤其是随着社会向前发展，就像习主席说的，当我们从跟跑者、并跑者变为领跑者的时候，科技进步就只能通过社会内部产生。事实证明，一流的科学技术不是买来的，也不是市场换来的，更不是模仿来的。科技的发展与进步，归根结底取决于自我创新。

创新其实并不神秘，就像我们中国人总说的一句话：我们与未知世界相隔的只是一层窗户纸，只要捅破了窗户纸，我们便豁然开朗。科技创新也不是高不可攀，无论一个人的受教育程度、社会地位、财富水平如何，只要你有创新的思想、创新的动力、坚持不懈的努力，你就可以做出成绩来。金蛋不一定是金凤凰下的，土凤凰也可以下金蛋，很多诺贝尔奖获得者的故事便是例子。

石墨烯的发现者是英国曼彻斯特大学的两位教授，安·海姆和康·诺沃肖洛夫。当时他们刚刚来到新的学校任教，自己的实验室还没有建成，科研条件非常简陋，但这并不妨碍他们开展科学试验。他们用胶带从石墨上粘剥出薄片，反复粘贴，剥离出二三十层。此时用原子显微镜观察，能够看到石墨薄片完美的六边形网格，这时石墨的厚度仅为三百万分之一毫米，这就是石墨烯。那么它有什么价值呢？石墨烯是第一种被人类发现的二维晶体。我们知道石墨都是三维结构，而它却是平面结构的。石墨烯比钻石更坚硬，又有很好的韧性，超导电，如玻璃般透明，因此它可用于制作触摸屏，以及超强、超轻的复合材料等。石墨烯的发现并没有依赖什么复杂昂贵的设备，只是出自一个用胶带反复粘贴的想法而已。

不同领域的创新，情况有时截然不同。例如在自然科学领域，新的发现和原有的发现是相互包容、并行不悖的，也就是说新的发现并不否定原来的成果。比如量子力学的出现并不否定经典力学，经典力学适用于宏观世界，而量子力学适用于微观世界。所以自然科学只是划了一个界限，创新就是在这个界限内发现了一个新的边界。

工程科技领域的创新就非常残酷，它是破坏性的、替代性的。我们举一个例子，就是胶片行业。数码相机问世以前，柯达、富士、乐凯等公司主宰着全球胶片行业。20 世纪末数码相机问世时，柯达认为在胶片方面投入 1 美元可以产生 70 美元的利润，而在数码影像方面投入 1 美元仅仅能够产生 5 美分的利润，因此没有必要马上转型。虽然柯达并没有停止对数码相机的研究工作，也曾一度占有数码相机的专利 1000 余项，并希望通过专利保护、技术封存来垄断数码相机，但它还是没能避免衰落的命运，最终于 2012 年申请破产。我们再来看富士公司，他们从 1997 年开始生产数码相机，2002 年他们的数字化产品比例就已经达到了 60%，因此光学胶卷行业的没落并没有影响到该企业的发展。可见，一个企业对于创新的态度，是关乎其生存发展的关键问题。

三、创新思维的培养

科技创新需要创新思维。我们不要纠缠于枝节，要恰到精处，有时候最简单的方法就是最好的。举一个例子，20 世纪 60 年代苏联和美国竞争登月，当时苏联的火箭技术是领先于美国的。科罗廖夫是苏联登月火箭的总设计师，他设计的该型火箭有 30 个喷嘴，可以产生 1000 万磅的推力，能直接从地球飞到月球并返回。可是由于它太复杂了，30 个喷嘴中经常有两三个不工作，多次实验均以失败告终。美国登月火箭的设计师是冯·布朗，他认为没有必要设计太大的火箭，他设想火箭不用在月球着陆，只围绕月球转圈，然后从这个火箭上投放一个小的登月舱到月球上，然后再返回，这样就可以大大节省火箭的动力。所以他只设计了拥有 150 万磅推力的火箭，这种火箭只有六个喷嘴，最后使得美国的登月计划成功实施。可见，冯·布朗的成功不是因为追求细节，而是由于新的思想，运用的是创新思维。

我们曾将杨振宁先生请到清华大学来，在这期间他听了很多教授的课。一年后他在教授会上谈了来清华听课的感受，他说清华的教授们知识渊博，但是他们的教育方法像一只金丝笼子，这只笼子推理、逻辑都极端缜密，只要把学生往那儿一扣，他们很快就能掌握知识，可是学生也被这只金丝笼子束缚住了思想。杨振宁先生认为，金丝笼子式的教育方法对于高层次的清华学生来说，是对他们创新能力的摧残，他们更适用于启发式的教育方法。

那么有哪些启发式的方法呢？第一种是亚里士多德的演绎法，这种方法从形式逻辑的“三段论法”演绎而来，其特点是能够给知识以普遍的理论基础。第二种是培根的归纳法，即科学研究从观察和实践出发，逐级登攀，从特殊事例上升到较低公理，多级归纳，最后上升至普遍公理。第三种是爱因斯坦的直觉法，他认为从特殊到一般是直觉性的，从一般到特殊是逻辑性的，单纯的推演和归纳发现不了重大的科学原理，只有将演绎、归纳、直觉综合运用，才能实现原创性的科学发现。比如爱因斯坦的相对论，它既不是归纳出来的，也不是逻辑推导出来的，它就是一种直觉的顿悟。直觉悟性是一种非理性的、非归纳性的逻辑思辨，它是从瞬间感悟到领悟，从而“跳跃”到事物未知部分的能力。

我们还应该学会辩证法，用辩证法的思维方式来解决问题。比如从量变到质变、一分为二、合二为一等原理。这些思想都是被科学家奉为指导思想的，所以有人说哲学是科学家的科学，我觉得确实如此，这些思想会指导你的科学研究。

四、创造力以及创造者应具备的人格素质

我前面讲的是简单的铺垫，下面我着重讲一讲创造力，以及创造者应该具备哪些素质。

（一）什么是创造力

创造力是艺术的、智力的发明能力，它是根据一定目的、任务，在脑中创造出新技术、新产品、新形象，并使之实现的过程。可以说，创造力就是有目的、有结果的白日梦。

（二）创造的 P^4 要素

心理学家总结出创造有四个关联因素。第一个是创造者（Person），着重强调创造者的人格特质。第二个是创造历程（Process），着重强调创造者的心理历程。国学大师王国维曾经说过，文学创新的境界可以用三句宋词来概括：第一句是“独上高楼”，就是这个人进入沉思状态，在思考，在构思。第二句是“为伊消得人憔悴”，就是他不断努力，渐渐憔悴。第三句是“众里寻他千百度，蓦然回首，那人却在，灯火阑珊处”，这就是一个顿悟过程。实际上对科技创新来说，顿悟之后还要做系统研究，做出数学模型来分析所有相关因素。第三个是创造产

品（Product），着重强调创造者的作品。第四个是创造环境的影响（Press），着重强调个人与环境的交互作用。今天我们时间有限，所以只讲创造者。

（三）创造者应具备的人格素质

创造者对于我们教育工作者非常重要，我们的主要目标就是培养学生具有富于创新的人格特质。按照现在清华大学的教学理念，培养学生不再限于"传道授业解惑"，因为知识是无限的，现在老师对于知识的传授已经退居第二位，关键在于培养学生的创新能力，这才是当今教育工作者的首要责任。现在提出来的"新工程教育"，就是以创新作为教育的主要手段，不光要抽象地讲一些理论，还要通过传授知识的过程，给学生渗透创新的历程、创新的方法，让学生在毕业以后具备独立创新的能力。

创造力人人皆有，"创造性"行为却并非人人具备。善于创造之人的人格素质包括：想象力、联想力、变通力、交叉与组合力、观察力、耐受力等。这些能力不是人天生就具备的，需要自己后天养成，所以我们现在要引导学生拥有这些能力。下面我结合诺贝尔奖获得者取得成功的故事，来逐一谈谈创造者应具备的人格素质。

1. **想象力**

想象力是科技创新的最根本的源泉。爱因斯坦曾说想象比知识更重要。知识是有限的，想象是无穷的。我们以地球半径第一次被测算出来的故事举例，公元前 3 世纪，亚历山大图书馆的馆长埃拉托色尼选择在夏至日那天观察在同一子午线上的阿斯旺小镇与亚历山大市的太阳光射线角度，并运用泰勒斯的数学定律，即一条射线穿过两条平行线时它们的对角相等，第一次计算出了地球半径是 6378 千米。

想象力也可以是无中生有的。这里就讲到我们学校的化工系，我们当时想到塑料很有用，但是它千百年都不能被降解，会造成严重的环境污染，例如农业种植中使用的塑料薄膜，这种塑料制成的薄膜可以保证植物的温度和湿度，是高寒地区农作物种植所必需的材料，那么我们就打算以此入手，研发一种可降解的塑料薄膜。我们首先做的是在塑料中添加很多淀粉，虽然塑料不会分化，但淀粉会被微生物吃掉，那么塑料薄膜就会破碎。后来我们采用发酵法，生产出乳酸，再用化学法将其聚合为乳酸塑料，如此一来，塑料薄膜可以在阳光下被细菌分解，那么它一年之内就被降解了。我们觉得还不够，能不能研发出一种可以跟人体融合、被人体吸收的塑料？我们的这种想法就是一种想象力。后来我们与生物系合作，研制细胞内合成聚羟基丁酸酯（PHB）塑料，这种塑料可以应用于人造器官。这项发明我们得了国家级大奖，已经投入生产。

我们知道动物都有自我愈合的能力，比如我的手被划破后，皮肤很快就会结痂，然后慢慢愈合。那么在太空中飞行的航天器，它们被小流星划伤后，能不能像动物一样具有自我修复功能？这个设想经过科研人员的努力最终实现了。我们将航天器的外壳用碳纤维缠绕，在碳纤维材料内加入一定体积的小胶囊，胶囊内装有强力树脂，胶囊外还有固化剂。那么当设备本体被划破时，小胶囊也会被划破，强力树脂就会溢出，并固化变硬，这样就起到了航天器自我修复的效果。所以看起来不可能完成的事情，假如你有想象力，再经过不断努力，就有可能取得成功。

想象力是一种抽象思维的能力。我们从小学一年级开始学数学，其目的并不是为了算账，而是要培养自身抽象思维的能力。我们举一个实例，1971 年加州大学伯克利分校蔡少棠教授推断，在电阻、电容、电感器之外，应该还有一种器件能够体现出电荷与磁通量之间的关系，但它只存在于数学模型中。这一超前想象沉寂了 37 年之久。时间到了 2008 年，美国惠普公司给蔡少棠打电话，说他推断的器件找到了。原来，惠普公司的斯坦利 · 威廉姆斯团队发现，把一块极薄的二氧化钛夹在两个电极中间，这块二氧化钛又被分成两个部分，一半是正常的二氧化钛，另一半进行了“掺杂”，少了几个氧原子。“掺杂”的那一半二氧化钛带正电，电流通过时电阻比较小。而且当电流从“掺杂”的一边通向正常的一边时，在电场的影响之下缺氧的“掺杂物”会逐渐往正常的一侧游移，使得整块材料中“掺杂”的部分会占比较高的比重，整体的电阻就会降低。当中断电流时，氧原子就会保持不动，这就体现了记忆的功能。反之，当电流从正常的一侧流向“掺杂”的一侧时，电场会把缺氧的“掺杂物”向回推，电阻就会跟着增加。因此，整个器件就相当于一个忆阻器。2010年惠普公司认为理论上可以用忆阻器完全代替现有的数字逻辑电路，而以前的冯·诺依曼理论认为，数字计算机的“0”和“1”的体系结构决定了它不可能像人类大脑一样工作，“存储”和“处理”不可能同时进行。惠普公司构建的二维交叉阵列忆阻器，模拟了人类大脑的一个层面，抛开了“0”和“1”的逻辑结构，代之以明暗不同的所有灰色状态，可以进行决策、判断、学习、脸部识别等计算，它的运行速度比数字式计算机要快几百万倍。

2. 联想力

联想行为出自某种记忆、印象，进而引发了另一种观念或思想的产生，它与想象有着明显的不同。

我们都听说过哥德巴赫猜想，那么哥德巴赫猜想到底是怎么回事呢？哥德巴赫是一个德国数学家，1742年他写了一封信给另外一位数学家欧拉。信中说凡是大于5的奇数都可拆解为三个素数之和。比如说7可以拆成3+3+1，其中3和1都是素数，都是不能被任何数除尽的数；77可以拆成53+17+7；461可以拆成449+7+5。那么假如这个奇数是无限大的，是不是还可以拆成三个素数之和？欧拉很快给他回信说，您的这个问题太难了，我一时半会儿回答不了，可是根据您的题目，我联想到凡是大于4的偶数都可分解为两个素数之和，比如说6可以拆成

1+5，8 可以拆成 3+5。可是到无穷大是不是还这样，我也不知道。这两个人的猜想就构成了哥德巴赫猜想。哥德巴赫猜想就是要证明这两个现象在数字无穷大的时候依然成立，可是到目前为止还没有答案。

在这个例子中，哥德巴赫是想象，而欧拉则是联想，是根据别人的想法继续延伸的联想。联想的作用非常大，比如雷达就是参考蝙蝠通过回声反射原理而研制的。另外在化工领域，我们分离一个物体，比如酒精，需要蒸馏、萃取，能耗就很大。可人体内很多分离过程就不需要高温，不耗能，为什么？是因为有膜。我们的肺泡能够让空气里的氧气渗进去，让二氧化碳渗出来。还有我们的肠胃、肾脏等都是通过膜来分离物质的。那我们能不能研制出一种膜用来分离物体呢？现在我们研制出的膜就可以使海水淡化，海水通过膜会变为淡水。所以膜分离技术是一种仿生学，运用的就是联想能力。

我再讲一个逆反联想的例子。我们学部今年新增了一个院士，这个院士解决了我国一个大问题。我国的钢年产量达八亿吨，世界领先，但我国的铁矿大多是贫矿，所产铁矿石品位低，杂质很多，我们只能大量进口澳大利亚的铁矿石。而澳大利亚铁矿石的价格在 10 年间上涨了 6 倍，从 30 美元 / 吨涨到 180 美元 / 吨。按常理来讲，在低品位铁矿石浮选中，一般浮选出氧化铁，但氧化铁呈多价态，导致选出率不高。这位院士采用逆向思维，改为浮选杂质二氧化硅，这样就成功地把铁矿石的富集率由 30% 提高到 62% 以上。这项技术开发成功后，使澳大利亚改变策略，大幅度降低了铁矿石的销售价格。这是一个逆反联想成功的例子。

还有错位联想，就是歪打正着。比如1970年斯宾塞·西尔沃原本打算发明一种强力胶，结果做出来的胶水黏性不佳，还无法固化。1974年他的同事在教堂里唱歌，在歌本里夹了张小抄，并用他发明的不干胶粘住，这张小抄很容易揭起来，还不损伤纸张本身，这就演变成了最初的便条纸。到后来这项发明被3M公司买断，在全世界推广起来。一项不成功的发明歪打正着地得到了成功地运用，所以错位联想有时候也能带来意想不到的效果。

3. 变通力

变通力，就是我们要善于以新视角、新方式、新方法去解决问题。这里我们必须要提到的就是伊伦·约里奥-居里和她的丈夫让·弗雷德里克·约里奥-居里，他们是居里夫人的女儿和女婿，人称约里奥-居里夫妇。在居里夫人去世后，居里实验室就由约里奥-居里夫妇主持工作。

1930年W.玻特发现用α粒子轰击铍，能够打出一种穿透力很强、在磁场中不会发生偏转的中性射线，他认为这可能是γ之类的射线。因为当时人们只知道α、β、γ三种射线，而γ射线是中性的，且在磁场里不会偏转。所以玻特说这种铍射线可能就是γ射线，也就是铍射线等同于γ射线。之后玻特就发表了相关论文，不过没有被重视起来，因为当时的科学界都觉得这项发现不重要。

1932年居里实验室的一个学生重复了玻特的实验，这个学生还在铍射线的路线上加了一个石蜡片，于是从石蜡片里打出了一个质子流，这个质子流其实就是中子流。因为在实验中获得了新物质，这个学生得以顺利毕业。不过约里奥-居里夫妇向世人公布这项发现时，宣称它只是一种“新的γ射线”。

英国物理学家查德威克看到约里奥-居里夫妇的发现后立刻就觉得有问题，他认为不是实验的过程做错了就是实验的结论解释错了，因为γ射线的质量非常小，只是质子的几千分之一，从一个乒乓球里不可能打出一个铅球。查德威克的老师是原子核物理学之父卢瑟福，卢瑟福在12年前就曾预言存在另外一种基本粒子——中子。查德威克经过反复实验后证明这种物质就是中子，于是发表论文，并在1935年获得了诺贝尔物理学奖。

当时诺贝尔奖的评委在评审讨论时说，发现铍射线（中子流）的是玻特，证明它的是居里实验室，正确解释这个实验的是查德威克，他们都应该获奖。但最后这个奖只颁给了查德威克。为什么呢？玻特和约里奥-居里夫妇虽然捡到了金元宝，但他们在手里捧着看了半天也不知道那是金元宝，所以这个奖跟他们没有关系。

1932年美国物理学家安德森在研究宇宙射线时，发现了与电子相似，但偏转方向相反的反电子，并获得了1936年的诺贝尔物理学奖。这时约里奥-居里夫妇才发现自己以前也拍下过反电子的照片，只是这一重大发现被他们忽略了。

不仅如此，约里奥-居里夫妇在用中子轰击铀时发现了一种半衰期为 3.5 小时的元素，认为这也许是一种“超铀元素”。实际上他们已经发现了核裂变，这个半衰期为 3.5 小时的元素其实是核裂变的产物镱。这样他们就第三次错过了重大发现。而奥托·哈恩确认了这种半衰期为 3.5 小时的元素为镱，并证明了镱是核裂变的产物，他凭此获得了 1944 年的诺贝尔化学奖。

约里奥 - 居里夫妇一连丢掉了三个诺贝尔奖，就是由于知识和经验的狭窄单一，导致了概念视域的偏狭，思维状态单调滞化，缺乏变通力。所以有良好的研究条件和长期的学术积累，也可能无益于科学猜想或理论假说之孕生。

4. 交叉与组合能力

交叉与组合能力就是把不同的思想用不相干的观点组合起来的能力。爱因斯坦曾说，交叉组合能力似乎是创新性思维的本质特征，创新的本质就在于学科交叉。现在各个学科发展得都很好，如果能够真正在两个学科边缘进行研究，也许就会做出非常重大的成绩。例如青蒿素的提取，最早是用水煎的方式，但以失败告终。屠呦呦阅读书籍时发现，将青蒿浸泡在乙醚中，青蒿素就会溶解于乙醚溶剂。因为乙醚具有良好的挥发性和低沸点，除去乙醚也不会导致青蒿素被分解，于是她采用沸点 34.6℃的乙醚成功萃取出了青蒿素，最终获得了诺贝尔奖。这就是一种跨行业借鉴移植的能力，是交叉与组合能力的体现。

5. 观察力

观察力是对小概率现象的观察能力，是对平淡无奇的事物的观察能力，是对交叉领域的观察能力，也是对跨尺度现象的观察能力。

我举一个关于小概率现象观察力的例子。弗莱明是专门研究葡萄球菌（一种致命病菌）的生物学家。有一天他注意到葡萄球菌培养皿被污染了，器皿中出现了很多被分解的透明斑块。于是他抓住这个机会进行研究，最终发现能抑制葡萄球菌生长的是青霉菌的代谢产物——青霉素。他把青霉素分解出来后，经过反复实验，证明了青霉素确实具有杀死葡萄球菌的能力，并于 1928 年发表了相关论文。论文当时并不为人关注，直到二战爆发后的 1940 年，大量伤兵因感染葡萄球菌而死，英国的病理学家佛罗理和德国的生物化学家钱恩注意到了弗莱明的论文，并据此分离出青霉素晶体，临床证明青霉素的疗效非常显著，且对人体的副作用很小，于是青霉素被推广开来，拯救了无数人的生命。弗莱明、佛罗理和钱恩三人在 1945 年共同获得了诺贝尔生理学或医学奖。

后来有人分析了弗莱明发现青霉素的原因，原来前一天晚上弗莱明忘记关窗户，恰巧楼上的一位学者在做实验，飘落了一些青霉菌下来。而弗莱明抓住了这一偶然现象，通过细致的观察，发现了青霉素。

6. 耐受力

我再讲一个关于耐受力的故事。美国新罕布什尔大学有位数学家叫张益唐，他是北大博士，后来去美国做博士后，因与他的博士后导师观念不同，那个导师不给他写推荐信。数学家本来就很难找到合适的工作，没有推荐信就更寸步难行了。结果他就一直在美国的快餐店打工，端盘子端了十几年。有一天，他的北大同学恰巧在他工作的快餐店吃饭，看到张益唐大吃一惊，说你在我们班是很优秀的，怎么跑到这儿来干这个呢？他的同学当时已经是大学教授了，于是把张益唐带到新罕布什尔大学做访问学者。谁都没想到，张益唐用不到一年的时间就解决了一个世界级的数学难题——孪生素数猜想，就是证明相连素数之差，并不是一直在增长的。比如说一个素数 3，不远的地方就有第二个素数 5，5 后面就是 7，7 不远的地方就是 11……，如果当这两个素数无穷大时还是不是这样的规律？张益唐证明了这两个素数无论多大，两个素数之间的距离不可能超过七千万。七千万看着很大，可是在一个数的后面有一千个零的时候这个数就显得很小了。这个理论发表后，他获得了图灵奖等众多国际数学大奖。可以看出，张益唐是一个在艰苦逆境下仍然坚持不懈努力奋斗的人。

下面我总结一下。创新能力培养的基础在于对已有知识的系统、全面、深刻的掌握，这样才能真正站在巨人的肩上，有所发现。创造出于思索，成功出于勤奋。活的知识有利于思维创新，死的知识束缚学习者的思维。科学理论体系的客观真理性，不能单纯靠科学本身来判定，实践是检验科学理论和客观真理的最终标准。

我认为教育的本质是能力的培养，是对创新思维的激发。我们就是要激发学生的创新思维能力，使他终身受益。今天就跟大家分享这么多，谢谢！

郝振省：同志们，下面按照惯例，我对今天的讲座做一个小结。

第一，从诺贝尔奖看化工造福人类。金院士讲到，合成氨技术的发明，对人民生产、生活水平的提高起到了极大的促进作用。他还讲到青霉素的发现对于医药工业及解除人民疾病痛苦的作用。因此，诺贝尔奖不仅对科学技术的发展起到了巨大的激励作用，也对生产力的发展起到了巨大的推动作用。

第二，金院士讲到了科技发展取决于创新。他认为一流技术是市场换不来的，也是买不来的，更是模仿不来的。科技的发展和进步是社会发展的内生要素，是依靠社会本身产生的。他还讲到不同领域的创新情况常常截然不同。自然科学领域的创新与原有的发现是相互包容、并行不悖的，而工程技术领域的创新就非常残酷，是替代性的。

第三，金院士讲到了科技创新的方法。他认为单纯的演绎和归纳发现不了重大的科学原理，只有将演绎、归纳、直觉综合运用，才能实现原创性的科学发现。我们也应该善于运用辩证法的思维方式解决问题。

第四，金院士讲到创新思维与教育培养方式有极大关系，也与认知过程和模式有直接关系。创造的核心要素在于创造者的人格特质、心理历程以及个人与环境的交互作用。金院士还讲到想象力、联想力、变通力、交叉与组合能力等一系列创造者应具备的能力。特别是讲到一些科学家诙谐的故事，使我们直观地感受到了他们对于创新思维的实际应用。这些听起来很传奇的故事的背后是巨大的奉献精神、巨大的社会包容，也是他们锲而不舍精神的体现。

今天金院士从诺贝尔奖谈起，给我们上了一堂创新思维课程，是一次关于创新思维的盛宴。让我们再一次感谢金院士精彩、幽默、诙谐的演讲！

（本文根据金涌 2018 年 10 月 27 日在中央和国家机关"强素质·作表率"读书活动 2018 年第 10 期主题讲坛上的讲座内容整理）

主讲人：何建明

何建明，著名作家，中国作家协会副主席。兼任中华文学基金会理事长，中国报告文学学会会长。全国劳动模范，中宣部“四个一批”人才，国务院特殊津贴专家，全国新闻出版行业领军人物，博士生导师。

三次获得“鲁迅文学奖”、五次获得中宣部“五个一工程”奖、四次获得“徐迟报告文学奖”。代表作有《时代大决战》《山神》《那山，那水》《死亡征战》《爆炸现场》《南京大屠杀全纪实》《国家》《忠诚与背叛》《部长与国家》《生命第一》《为了弱者的尊严》《我的天堂》《根本利益》《落泪是金》《中国高考报告》等。历年来出版四十余部文学著作，其中十余部被改编成电影、电视作品。

文学读解习近平“两山”重要思想

文学读解
习近平“两山”重要思想

郝振省：同志们、朋友们，大家上午好！

今天是2018年第11期，总排序第115期中央和国家机关“强素质·作表率”读书活动主题讲坛，我们为大家特别邀请到中国作家协会副主席、中华文学基金会理事长、中国报告文学学会会长何建明，大家欢迎他！

今天的主题讲坛我以为缘自三个要素。第一，缘自习近平总书记的“两山”重要思想和党的十九大关于生态文明、美丽中国的重要论述和重要部署。今天，人民群众的需求发生了新的变化，从过去“盼温饱”到现在“盼环保”；从过去“求生存”到现在“求生态”。习总书记在浙江工作时提出了“绿水青山就是金山银山”的重要思想和规划，接着他又提出，要像保护眼睛一样保护生态环境，像对待生命一样对待生态环境。特别是在党的十九大报告中他又强调，既要创造更多的物质财富和精神财富以满足人民群众日益增长的美好生活需要，也要提供更多的优质生态产品以满足人民群众日益增长的优美生态环境需要。党的十八大提出了建设“美丽中国”的伟大目标；党的十九大报告指出，建设生态文明是中华民族永续发展的千年大计，这就构成了习近平新时代中国特色社会主义思想中关于生态文明的重要板块，也是我们实现中华民族伟大复兴的重要任务。

第二，缘自著名作家何建明同志。他是中国报告文学学会的会长，曾获得过5次“五个一”工程奖，4次“徐迟报告文学奖”，3次“鲁迅文学奖”。他的代表作有《时代大决战》《爆炸现场》《南京大屠杀全纪实》《忠诚与背叛》等，这些作品始终同党和人民共命运，与改革开放的新时期共前进。何会长的责任担当与文学笔触常常充满大爱、大恨与反思。我昨天看到他的书就想起了艾青的一句诗：“为什么我的眼里常含泪水？因为我对这土地爱得深沉。”他的作品具有强烈的震撼力和感染力。

第三，缘自何会长最新的报告文学作品《那山，那水》。何会长深入浙江、深入生活进行前沿调查，吃在乡里，走村探户，终于写出这样一部充满绿水青山气息的佳作。如果说小岗村是当年农村走出经济困境的第一村，那么安吉余村则是如今进行生态文明建设的第一村，美丽中国从这里起步！

现在就让我们热烈欢迎何建明副主席给大家演讲！

一、写《那山，那水》的来由

2017 年春天，浙江省的领导找我，让我写一本关于“绿水青山就是金山银山”这句话的书。我当时想这有什么可写的？不就是一句大白话吗？

我的老家在江苏苏州，而余村属于浙江湖州，苏州和湖州都在太湖边，距离非常近，但是作为一个在太湖边长大的人，我却从没有听说过安吉这个地方。然而去了一次安吉，我对安吉的认识完全变了，对习总书记“绿水青山就是金山银山”这句话的认识更是透彻心底地改变了！所以我常常在想：自己作为一名作家，去过的地方还是比较多的，然而我依然对中国、对现实世界了解得十分有限。我想如果中央和国家机关的同志们，也能够更多地深入基层，去了解国情、了解民情，那么对党中央、对习总书记的思想就会理解得更加深刻和透彻。

第一天到安吉，我看到的确实是绿水青山，但是我不太了解习近平总书记那句话给余村带来了怎样的深刻变化。那天我看到去安吉学习的人坐满了四辆大巴车，大概有两百人。采访几天后，我就对余村的村主任讲，你应该在你们村口竖一块特别大的广告宣传牌，写上“新时代从这里开始”。因为那个时候我已经深深地感受到，在习近平总书记的“绿水青山就是金山银山”思想照耀下，余村和安吉的变化实在太大了，真的是在这里已经出现了一个新的伟大时代！这是我当初的强烈感受，时间是 2017 年上半年，离党的十九大召开还有近半年时间。

《那山，那水》看起来是一个命题作文。书中关于习总书记提出“绿水青山就是金山银山”的情景与过程只写了大概1500字左右，但通过这个情景与过程的叙述，我提出了一个非常重要的概念，即“新时代”的到来。这本书的内容最早发表在《人民文学》2017年第9期，引语中写道：在习近平当年高瞻远瞩的“绿水青山就是金山银山”思想引导下，整个安吉、整个浙江大地已建成百个千个像余村甚至比余村更美、更富有的村庄。如今，他们正以自己各具特色的美丽、和谐、文明和现代，装点着一个伟大而全新的时代……这就是“新时代”的概念最初提出的时间点。

我在这本书及《人民文学》上发表的文章中提出了三个“新时代”的概念。我一开始没有感受到习总书记这句话有这么大的影响力，到了余村和安吉采访后才体会到一个新时代开始了。现在大家都说“新时代”，可以这么说，党的十九大刚召开，《新闻联播》报道出“新时代”，我相信有相当一部分人并不清楚什么是“新时代”。“新时代”从什么时候开始？我去过几次瑞金，去过瑞金的人都知道，那里有一个招牌，上面写着“共和国从这里走来”，这就产生了巨大的宣传效应，瑞金就非常有名。那么余村呢？我们说，习近平“两山”重要思想从这里开始，一个新时代从这里开始。我对安吉的县委书记讲，我学习了习近平总书记的思想，再结合如今余村发生的巨大变化，现在的余村有美丽的山又有清澽澽的水，还有现代文明的城市生活，可以说就是人间天堂。

2002年10月习近平同志来到浙江，先是任代省长，后来担任省委书记。他一到浙江就提出要建设生态省。2005年习近平同志在安吉余村讲了“绿水青山就是金山银山”这句话。在那次考察中，习近平同志先是听当地的干部说，安吉的余村原来以采矿为主，环境破坏得很厉害，后来把矿关掉了，现在搞绿水青山，大力推进生态文明建设，效果很不错，可以去看看，他就去了。我后来听那些干部讲，其实矿山关掉以后，他们心里是犯嘀咕的，因为当时“绿水青山就是金山银山”的效果还没有呈现出来，大家的收入并不高，这次省委书记来了，就听听习书记怎么说，于是习近平就讲了“绿水青山就是金山银山”，讲了大概 40 多分钟。

看当时的历史材料，再看今天的安吉，我就有了要写《那山，那水》这本书的强烈愿望。这本书讲述了一个历史的划分，就是三个时代的概念。这三个时代的概念，我们今天看起来好像很简单，其实在党的十九大之前我们对于三个时代的划分，认识并不是那么清楚。我刚写完关于义乌的书，习近平对民营经济非常关切，他去了好几次义乌，做了 17 次批示，民营经济在那个时候茁壮成长，所以现在发展得这么好。所以只有了解了这个社会我们才能感觉到，领袖的思想，为什么会成为真理，它是有社会实践基础的，是人民经验的总结。我当初写完这本书就想，中国共产党应该有一个阶段的划分，这个阶段从理论上讲就是“三个时代”的概念。

毛泽东当年领导秋收起义，后来带领红军上井冈山坚持革命斗争，非常艰苦。1927 年我们队伍的人在茨坪村时只有一千多，估计当时一般人都会产生怀疑，说革命要成功，到底要打多长时间？一千多人要对付国民党几百万大军，说实话这种怀疑我认为也是客观的、合理的。而毛泽东高瞻远瞩地讲，只要坚持走中国式的马克思主义道路，坚持农村包围城市，武装夺取政权，中国共产党就有希望。这个路线与陈独秀的路线不一样，与共产国际的指导方针也不一样，如果走共产国际的路线，进行城市武装斗争，中国革命是不会成功的。所以毛主席的伟大就体现在这里，这就是毛泽东时代。

今年是改革开放40周年,1978年除了十一届三中全会以外，恐怕就是小岗村这个焦点举世瞩目了，这点可不要小看，小岗村的几个农民签下了“分田到户”的契约，邓小平当时非常坚定和坚决地肯定了小岗村的做法，所以一个改革开放的时代就这样到来了！邓小平时代的标志是什么？就是让中国人民不仅吃饱饭、还要吃好饭。

习近平时代是从什么时候开始的呢？去年我听很多老师在讲，习近平的思想从党的十八大开始，我认为这个观点不对。如果是这样，那“绿水青山就是金山银山”这句话怎么能够写入《党章》呢？所以我认为，习总书记思想的形成、成熟阶段应该从他当浙江省委书记开始。

除了时间概念和职务概念以外，我更多地从他的思想给社会带来的伟大变化来讲一讲。我在思考，习近平同志在担任浙江省委书记的时候，为什么从生态环境建设突破，而不是从工业、从GDP突破？因为浙江旁边有上海、江苏，从工业及GDP上超过这两个地区是不现实的。浙江要突破，从什么地方突破？生态立省！习近平走了极其正确的道路，这就体现出他具有伟大领袖高远的政治胸怀与执政经验。

去年《那山，那水》这本书出版的时候，党的十九大还没有召开，我离开余村时就跟他们县委书记说，余村要起一句响亮的广告语，怎么个起法？习总书记讲了"绿水青山就是金山银山"，营造了这么好的自然环境，所以我想到了一句话——"天上人间、余村在中间"。余村在天上人间的"中间"，你说还有什么地方比这里更美呢？

现在安吉是什么样的情况？去年国庆节七天长假，一个小小的安吉县创造了 28 亿元的旅游收入，连苏州都没有这样高的收入。成千上万的人去安吉参观，当地的老百姓高兴啊！这就是习总书记"绿水青山就是金山银山"这句话所产生的效应。他 13 年前说了这句话，老百姓就按照这条路走，大家现在尝到了甜头。我去年 6 月写完书离开安吉时就跟县委书记说，安吉正好在苏州和杭州之间，会成为中国老百姓非常喜爱的地方——第三天堂。为什么叫"第三天堂"？因为前面还有苏州、杭州，你不就是第三个天堂了吗？他朝我笑笑，说你这个作家太夸张了。我告诉他，我跟你讲的话可是值 1000 亿的，他又笑笑，说你是不是太浪漫了。我说咱们把这句话放在这里，我讲这话是有根据的。现在我们这么喜欢杭州，全世界的人都知道杭州，为什么？你认为杭州好在什么地方？就是因为它有一个西湖。当年白居易、苏东坡留下了经典的诗句，经过千百年的流传，把西湖念得美不胜收，这就是文化的力量。老实说现在中国哪个城市都有本事挖一个西湖出来。前年我到新疆赛里木，赛里木湖有 10 个西湖那么大，简直是人间最美的地方，我去了以后，见他们还没有广告语，我就给他们想了一句——"见一面、记一世”。在海拔两三千米的山中，那个湖嵌入其中，西方人赞美它是人间最后一滴眼泪，如果把我这句“广告语”念它一百年，估计赛里木湖也可能变成像西湖一样名噪世界的地方。我今天称安吉是“第三天堂”，如果安吉的人都能从孩子开始天天念安吉是“第三天堂”，再传扬出去，念上它 100 年，人家可能就都到你这里来旅游了！

我认为只要按照习近平这句话去执行、去创造，安吉绝对可以成为一个能与苏州、杭州平起平坐的地方。现在再让我到苏州去玩，我不是太愿意；到杭州更不愿意，人太多。我愿意到安吉待上十天八天的，多舒服。我实际上真正理解了习近平总书记这句话的深刻含义，“绿水青山就是金山银山”，它既是一句朴素的语言，更是一个深刻的哲学道理。

二、安吉余村——美丽中国从这里开始

余村所在的天荒坪镇上有个被称做江南天池的风景区，它以亚洲第一、世界第二的天荒坪抽水蓄能电站为依托，被评为国家 AAAA 级旅游景区。而之前的余村不仅不美，还是全国最差的山村之一。它的差并非因为贫困，而是因为环境的极度污染和生态的严重破坏。那时村里人有句口头禅：“余村余村，死了没尊严、活着比死还受罪。”去年我第一次来余村采访的时候，看到余村旁边有一条小河还不到 10 米宽，当地老百姓说要搞漂流，我说漂流行吗，有人气吗？他们说何主席不要小看我

们这里。现在那里一天最多有6500人去漂流，一个人花600块钱，大家想想一天能挣多少钱。村里一个学校的老校长，起初觉得搞漂流的人有毛病，但漂流建成后老校长的孙子也去了，那个老校长担心孙子的安全就跟着一起漂流了一次。现在这个老校长70多岁了，天天想着要去漂流。这就是“绿水青山就是金山银山”的体现。

习近平总书记2003年第一次去安吉时讲了一句“一片叶子就能富了一方百姓”，这句话和“绿水青山就是金山银山”有异曲同工的作用。我喝完安吉白茶，就觉得龙井很一般了，味道完全不一样。安吉白茶生长在海拔400~600米之间的山中，云里雾里，一看它的生长环境就知道这是好茶。我到安吉的茶园去看，快到中午了露珠还在叶子上，这样的茶能不好吗？而且他们不用农药化肥，全是纯天然的。安吉人就是记住了习近平总书记当年的话，现在的经济才有了很大的发展。

安吉除了白茶还有毛竹，安吉出名就是因为它是李安拍摄的电影《卧虎藏龙》中竹林的取景地。现在安吉的毛竹用途很广，在市场上很受欢迎，包括手机壳、衣服都能用毛竹做。

余村旁边还有一家五星级酒店，这是安吉人自己投资建设的。酒店老板原来一直在外面打工，后来事业有成，他在2011年回到安吉，看到家乡那么美，于是就在家乡投资兴建了这家酒店。

三、“两山”重要思想无处不在

1. “五位一体”中生态文明的重大定义

面对资源约束趋紧、环境污染严重、生态系统退化的严峻形势，必须树立尊重自然、顺应自然、保护自然的生态文明理念，走可持续发展道路。生态文明建设其实就是把可持续发展提升到绿色发展的高度，为后人“乘凉”而“种树”，就是不给后人留下遗憾而是留下更多的生态资产。生态文明建设是中国特色社会主义事业的重要内容，关系人民福祉，关乎民族未来，事关“两个一百年”奋斗目标和中华民族伟大复兴中国梦的实现。

2. 中国经济发展空间在于广袤的国土

对于中国经济的未来，我认为要切实贯彻好习近平的“两山”重要思想，当实现“绿水青山就是金山银山”的时候，我们就会拥有无限的经济发展空间。写完《那山，那水》后，我到全国很多地方讲过课，在这个过程中我深深感受到几乎每个地方都能运用到“两山”重要思想。有一次我到河南讲课，参观了一个村的党支部，见到了支部书记。支部书记说虽然自己没有到浙江去，但是习近平总书记那句话他记住了，这个支部书记着力建设美丽乡村，搞环境保护，现在这个村子的旅游、农家乐都发展起来了。

回过头再来说安吉。安吉有一个中南百草原，是一个当地人创办的，里面有老虎 30 只、熊猫 15 只……很多珍稀动物里边都有。这个地方的创办人就是听了习近平的一句话。2005 年 8 月习近平来到了安吉的中南百草原，当时习近平就站在竹林旁的小溪边，当听到这个创办人说自己有 80 亩竹林湿地的时候，他关切地说，要把这 80 亩竹林湿地好好保护起来，不要开发房地产，以后肯定比房地产还值钱。后来我也去了那片竹林，沿着一条小路走过去，竹林中充满像海浪一般的声音。为什么？林中全是鸟，鸟听到声音飞起来，就像海浪一样，太美了！这片竹林平时不开放，创办人说这块地要保护起来，现在有人出一百亿他都不卖。

所以，认真贯彻“绿水青山就是金山银山”的思想，像安吉这样一个小县，未来超过江苏的昆山、常熟、张家港，是完全有可能的。倘若我们每个省都建三五个这样的小镇，前途将无可限量。习总书记的话道理就在这儿，它可以让以前不太起眼的地方成为能创造无限财富、适合人类生存的美好家园。

3. 人类生存的根本在于人与自然的和谐

我曾经给《学习时报》写过一篇文章，讲习近平的“绿水青山就是金山银山”其实是一句大白话，但是它包含了我们人类追求与自然和谐、使经济社会和谐发展的深刻道理。这句话也渗透了人类对大自然敬畏的自觉意识和自觉行动。这样的思想和真理从理论层面进行阐述可以写出高质量的论文，也可以成为教科书。从文学意义来说，如果通过一个个生动的故事和情景，把这个伟大的真理和深奥的理论化作老百姓看得到、体味得到的画面，就会让我们感到身临其境。

安吉有一个地方叫鲁家村，那里的支部书记是个大学生，他大学毕业后先是到县城从事汽车修理工作。2010 年村里要选干部，但没有候选人，因为村里穷得叮当响。村里人对他说，你是知识分子，回来当支部书记吧。这个人开始也不情愿，因为当了支部书记就不能做生意了，但他想到自己是一名党员，那就回来竞选吧。那个时候浙江已经在搞美丽乡村建设了，当时浙江有一个非常好的政策，就是一个村若在申报期限内达到美丽乡村的标准，政府就给这个村拨款 300 万元用于后续发展。多数的村支部书记将这 300 万元用于修路、改造村里的厕所，以及翻修村委会的房子，那么 300 万很快就用完了，但几年过后新修的道路、房屋也变旧了。而这个支部书记就很聪明，他没有随大流，而是用 300 万请了深圳一家很有实力的规划公司，做了一个鲁家村美丽乡村的规划设计。但老百姓们不理解，把他骂得狗血淋头，说为什么你把钱花在这个地方，不给我们修一条路、修个厕所。之后村支部书记拿着设计方案进行全国招标。起初来鲁家村的人并不多，只有周边的几个种田大户来投标。第一个人是种水稻的，因为他在其他地方种水稻收入并不高，一看到广告他就来到鲁家村，支部书记说行，我们挑最好的地方承包给你，一共 20 亩地，这个人很高兴。第二个人是种毛竹的，村里又给他挑了很好的土地。这个村支部书记聪明在什么地方？就是所选的产业不重复，他挑了 17 家来投资，各家都要搞特色经济。村支部书记还筹建了乡村小火车旅游项目，欧式小火车开过，两边都是田园风光，500 米一站，铁道旁边竖立着这里是巴黎、那里是罗马的牌子，游客坐在火车里能边喝咖啡边欣赏美丽乡村，到一个地方念一首诗，有意思极了。鲁家村现在是国家 AAAAA 级景区，接待的游客很多。

我去年到鲁家村采访的时候，村支部书记又告诉我一个振奋人心的喜讯，当年给他做规划的那家深圳公司，是一家上市公司，他们要投资在村里建一个大型的鲜花种植基地。

鲁家村这样一个曾经贫穷的村庄，就是凭借村支部书记的超前意识，引进了十几个不同的产业，发展农家乐，开发旅游项目，现在已经变成了旅游胜地。我现在到处宣传鲁家村，这个村支部书记也已经成为中央宣传的一个典型。

4. 人与人的和谐关系，是“两山”重要思想的延伸

毛主席带领中国人民走上了马克思主义道路；邓小平带领中国人民走上了中国特色社会主义道路；习近平带领中国人民走上了新时代中国特色社会主义道路。三位领袖之所以伟大，是因为他们都本着把马克思主义经典思想用到中国特性当中，吃透了中国的国情，为中国发展指明了方向。

习近平新时代中国特色社会主义思想告诉我们，光重视城市不行，光强调农村也不行，必须把两者融合起来，这也是一种“金山银山”的理论。我们要是以为“两山”重要思想仅限于生态环境范畴，那就错了。习近平总书记这句话不光是生态

文明建设的指导思想，对人与人之间的关系也是具有重大政治意义的。“绿水青山就是金山银山”强调的就是人要尊重自然，要融入自然，要同自然和谐相处，人与人之间的相处难道不是这样吗？

“绿水青山就是金山银山”，而且“金山银山无处不在”，这是我学习习总书记“两山”重要思想的深切感受。只要我们深入贯彻习近平总书记的“两山”重要思想，深刻理解其内涵，中国社会的任何一个方面，包括人与人之间的关系，乃至班子成员之间的关系，都能够和谐、健康。为什么？把班子团结搞好了，把群众关系搞好了，把社会关系搞好了，我们的工作就一定能搞好，目标就一定能达成。所以“金山银山无处不在”就体现在这里。

以上我讲的是自己在写作和采访过程中的一些感想，大家看看《那山，那水》这本书可能会了解得多一些，但是我更希望大家能够到浙江安吉余村那个地方走走，只有身临其境才能有切身体会。我们的高级干部也要到那里去跟乡村干部学习。我今天跟大家说了一些自己的体会，不对的地方请批评指正，谢谢大家！

郝振省：下面按照惯例，我对今天的讲座做一个简单的小结。

何建明同志首先讲了习近平“两山”重要思想提出的过程。同志们从他的介绍中可以了解到，安吉余村曾因为开矿赚了一些钱，但是造成了严重的环境污染，破坏了村民们的生存环境，大家抱怨连连，那时的余村已经陷入恶性循环的怪圈中。正是在这种情况下，习近平同志来到这里调研，听取了情况汇报，在和村干部交谈中提出了“两山”的重要思想。他讲到，我国生态环境的矛盾有一个历史积累的过程，不是一天变坏的，但是不能在我们手里变得越来越坏，共产党人应该有这样的胸怀和意志。这说明他看到了造成生态环境严重恶化的客观原因，同时也表明了必须要解决这一普遍性困境的责任担当，这也表明以习近平同志为核心的中国共产党人，坚持以人民为导向，脚踏实地、深入实际发现问题，用掌握的马克思主义、科学发展观作为思想武器，创造性地分析问题、解决问题，从而坚持和发展了马克思主义，坚持和发展了中国特色社会主义。

美丽中国从这里开始。何建明同志讲到习近平关于“两山”重要思想被当地的干部群众接受以后，由精神财富变成物质财富，所发生的一系列全方位的变化。安吉乡村流光溢彩、风景如画，安吉的白茶品牌高雅，安吉的竹制品名扬天下，安吉的民宿千姿百态。习近平同志讲到把生态环境转为生态农业、生态工业、生态旅游、生态经济的优势。同时我们看到这本书里讲到的，整个余村、安吉，乃至浙江民风更加和谐向上、健康阳光，这充分表明代表先进阶级的正确思想一旦被群众掌握，就可以转化成巨大的物质力量。许多过去不敢想、想不到的生产方式、生活方式都成为人民群众基本生活工作的模式。

最后，何建明同志强调，“两山”重要思想无处不在，讲到这个思想的普遍性问题。“两山”理论和实践，从余村到鲁家村、到天荒坪镇，从安吉县一直到浙江省，到全国各地的经验推广，一直到写入党的十九大报告，成为我们党带领全国人民进行生态文明建设、打造美丽中国的指导思想。这是人与自然和谐共存的最高境界。

何建明同志以他特有的文学家的激情和理性，为我们解读了习近平“两山”重要思想的由来和发展、理论和实践、榜样和扩展。他的解读既高屋建瓴，又深入浅出，对于在座的各位朋友和同志准确领会和有效贯彻习近平生态文明思想乃至整个新时代中国特色社会主义思想，都有着特别的针对性和重要性，让我们再次感谢何建明副主席精彩厚重的演讲！

（本文根据何建明2018年11月24日在中央和国家机关“强素质·作表率”读书活动2018年第11期主题讲坛上的讲座内容整理）

主讲人：曹普

曹普，中共中央党校（国家行政学院）全国党校（行政学院）教师进修学院院长、教授、博士生导师，享受国务院特殊津贴。

主要从事中共党史、新时期改革开放史的研究和教学工作。专著《科学发展观与当代中国》入选中宣部“迎接党的十八大重点图书”及原新闻出版总署“迎接党的十八大主题出版重点出版物”；《当代中国改革开放史》（上下卷）被评为“2016年人民出版社十大优秀学术著作”；《百炼成钢——中国共产党如何应对危局和困境》入选中宣部和原国家新闻出版广电总局“迎接党的十九大主题出版重点出版物”；独著的《中国改革开放全景录（中央卷）》（上下卷）被列为中宣部“2018年主题出版重点出版物”。

百炼成钢——中国共产党如何应对危局和困境

百炼成钢——中国共产党如何应对危局和困境

郝振省：同志们，大家上午好。今天是2018年第12期，总排序第116期中央和国家机关“强素质·作表率”读书活动主题讲坛，我们特别为大家邀请到了中共中央党校（国家行政学院）全国党校（行政学院）教师进修学院院长曹普教授作为本期讲坛的演讲嘉宾，大家欢迎他！

今天，曹普教授主讲的题目是“百炼成钢——中国共产党如何应对危局和困境”，曹普教授长期担任中共中央党校中共党史教研部主任，承担中共中央党校省部班、地厅班等主体班次的教学工作，是我国党史教研战线的权威、名师、名家。由他来讲这个主题，与由他主编的《百炼成钢：中国共产党如何应对危局和困境》这本书有直接的关系。

我简单介绍一下，这本书至少有“两好”可圈可点。第一个“好”是书名好，“中国共产党如何应对危局和困境”从危局和困境的角度讲党史，很吸引人。我们党究竟遭遇了什么样的危局，陷入了什么样的困境，最后又是如何克服危局走出困境的？可以说这是我们在座的各位想了解而又不甚了解的。第二个“好”是内容好。我们翻阅本书就会发现中国共产党的历史其实就是一部化解危局、脱离困境的历史：从稚嫩到成熟，从弱小到强大，一次次遭受挫败，有时候甚至遭受灭顶之灾，却一次次力挽狂澜，一次次凤凰涅槃、浴火重生。正像中共中央党校（国家行政学院）常务副校（院）长何毅亭同志在本书的序言中所说，“‘苦难辉煌’4个字，正是中国共产党奋斗历程的真实写照”。

习近平总书记在庆祝改革开放40周年大会上讲到，“我们现在所处的，是一个船到中流浪更急、人到半山路更陡的时候，是一个愈进愈难、愈进愈险而又不进则退、非进不可的时候。改革开放已走过千山万水，但仍需跋山涉水，摆在全党全国各族人民面前的使命更光荣、任务更艰巨、挑战更严峻、工作更伟大。”这就让我们认识到更加深入了解和研究中国共产党在历史上曾经的危局和困境具有更加紧迫的现实意义。同志们，让我们热烈欢迎曹普教授开讲！

同志们，大家上午好！非常高兴有这样的机会和大家一起交流党史相关问题。刚才郝会长做了非常好的开场白，把这本书的精要、精华、精髓讲得非常透彻。

中国共产党建立至今已经有97年的历史，再过几年就迎来百年纪念这样一个重大的节点。前不久习近平总书记刚刚在庆祝改革开放40周年大会上发表了重要讲话，他讲到，“建立中国共产党、成立中华人民共和国、推进改革开放和中国特色社会主义事业，是五四运动以来我国发生的三大历史性事件，是近代以来实现中华民族伟大复兴的三大里程碑。”这是一个富有新意的概括。主角是我们中国共产党，中华人民共和国也是我们党领导建立的，改革开放、中国特色社会主义事业是我们党领导推进的。当然中国共产党做这样的大事，推进中华民族伟大复兴，创造了很多的奇迹。习总书记在讲话最后还讲到，“在新时代创造中华民族新的更大奇迹，创造让世界刮目相看的新的更大奇迹。”97 年风雨兼程，我们党建立之初就义无反顾地肩负起了实现中华民族伟大复兴的历史使命，进行了艰苦卓绝的革命斗争，经历了很多坎坷曲折、顺境逆境、严峻考验，是浴火重生、凤凰涅槃，愈挫愈勇，所以我们叫百炼成钢。

一、“揩干身上的血迹”继续战斗——大革命失败与土地革命战争的兴起

中国共产党诞生之初人数很少，党一开始主要从事工人运动，还没有坚定清醒地认识到要把农民阶级拉进革命队伍中来。工人运动失败后，我们认识到要找同盟军。共产国际也给我们提了建议。共产党无产阶级可以和国民党资产阶级进行民主革命合作，因为两者有共同的敌人帝国主义和封建主义。国共合作掀起了大革命高潮，并得到了俄国的帮助。后来国共发生摩擦，统一战线内部出了问题。1927 年蒋介石在上海叛变革命，

发动了“四一二”反革命政变，举起屠刀大肆杀害共产党员。反革命政变中我们牺牲了2.6万共产党员，轰轰烈烈的大革命失败了。这是我们自1921年建党以来遇到的最大最严重的危机。

我们在八月一日举行了南昌起义，打响了武装反抗国民党的第一枪。毛泽东领导了秋收起义，后来他率领队伍上了井冈山，逐步找到了中国革命的正确道路，他打出了一块地盘，有红军，有根据地，认识到红军、游击队和红色区域的建立和发展，是半殖民地中国在无产阶级领导之下的农民斗争的最高形式。最重要的是，毛泽东坚持把马列主义的“本本”与中国革命实际相结合，解决了中国革命中的一系列重大理论和实践问题。我们信仰马列主义，但以什么态度对待马列主义？毛主席的态度非常明确，就是要结合中国实际来运用、来发展、来说明、来创造。

通过以毛泽东为代表的共产党人的艰辛努力，从1928年开始，在那样一个大危局、大灾难之下，到1930年时红军就已经发展到七万多人，党员发展到十几万人，中国革命又出现了新的复兴的局面。

二、从严重“左”倾错误中走向成熟

我们党是在克服三次“左”倾错误当中逐步走向成熟的。瞿秋白犯了“左”倾盲动主义错误，李立三犯了“左”倾冒险主义的错误，他主张把革命力量集中在城市，照搬俄国革命经验，奉行城市中心论。接下来王明的“左”倾教条主义错误危害最为明显，因为这个错误影响了中共中央长达 4 年时间，使我们遭受了重大损失，把江西瑞金也丢了，红军被迫开始长征。长征路上又受到重大损失，长征开始的时候还有 8.6 万人，走了 50 天仅剩下 3 万人，湘江战役五天就损失了三万红军，红军面临着生死存亡的紧要关头。紧急情况下，我们召开了遵义会议，遵义会议上毛泽东同志当选为政治局常委，能参加党的高层决策，并成为新组建的军事三人团成员之一，这样他在军事上也有决策权了，事实上成为党的领导核心。毛泽东之所以被重新推到这样一个位置上，是经过了多次反复比较后，大家认识到他关于中国革命怎么革的想法，他的路子、他的决策、他的做法是对的，他代表了中国革命的正确方向。9 个月后，红一方面军长征胜利到达了陕北。

三、“民族危亡关头”的抉择

1936 年 10 月，经过长征，红军三大主力在陕北胜利会师。两个月后，发生了西安事变，西安事变和平解决，国共再次携手合作，共同抵抗日本帝国主义的侵略。

在抗日战争时期，我们党的队伍建设、理论水平都取得了长足发展。毛主席做出了重大贡献，他提出，马列主义是我们的信仰，但是马列主义运用于解决中国问题要中国化、民族化、具体化，不能抽象、不能教条、不能照搬，离开中国谈马列，抽象空洞、毫无意义。毛主席就是科学对待和正确运用马列主义解决中国革命问题的大理论家。经过党的七大，毛泽东思想写进了党章，被确立为我们党的指导思想，这是我们党的一次理论大觉醒。在正确的理论指导下，我们赢得了抗日战争的胜利，赢得了解放战争的胜利，1949 年建立了新中国，中国人从此站起来了。

四、艰苦奋斗共渡难关

站起来的中国人面临什么问题？一穷二白的国家，老祖宗留的遗产很少，拖拉机都造不出来。所以执政后中国共产党面临的问题和任务就是让中国人富起来。要快一点富起来，就要先做好顶层制度设计，中国那么穷，需要把有限的人、财、物集中起来使用，只有实行社会主义制度，这个制度能集中力量办大事，所以实行社会主义切合了中国的需要。但是怎么样建设社会主义呢，我们遇到了新的挑战和问题，因为我们对建设社会主义知识不够、经验不多，社会主义相关的理论水平也有限。

1956 年党的八大开得不错，但是 1957 年就在政治上犯了“左”的错误，经济上出现了“大跃进”的错误。“大跃进”出了大问题，归根结底是社会主义怎么搞这个问题我们没有弄清楚。问题出现后，党中央在 1961 年初正式实施“调整、巩固、充实、提高”八字方针，这是我们党指导方针的重大转变。调整期间，毛主席等中央领导人做了自我批评，分析了出现问题的原因，包括调查研究不够，违背了实事求是，把社会主义建设的长期性、艰巨性、复杂性看得简单了，小看了建设的难度。毛主席号召全党大调研，来出主意，加强理论研究，来解决问题。经过五年努力，调整国民经济的任务完成，我们渡过了难关。

五、从重挫中奋起

1966 年“文化大革命”爆发，十年“文革”造成了严重后果，使我们国家受到了巨大的挫折和损失。改革开放之初是什么情况？对此，习近平总书记讲，当时世界经济快速发展，科技进步日新月异，而“文化大革命”的十年内乱导致我国经济濒临崩溃的边缘，人民温饱都成问题，国家建设百业待兴。党内外强烈要求纠正“文化大革命”的错误，使党和国家从危难中重新奋起。

1978 年 11 月 10 日至 12 月 15 日，中共中央召开工作会议，会议做出了一系列的重大决定，概括起来主要涉及四个问题。第一是在政治路线上，将工作重心转为“以经济建设为中心”。第二是关于真理标准的讨论，在思想路线上拨乱反正。第三是组织路线的拨乱反正。第四是人事调整。这些相关共识为十一届三中全会的召开作了充分准备。

中央工作会议结束后的第三天，即1978年12月18日，党的十一届三中全会召开。会上确认了中央工作会议达成的一系列共识，并作出正式决策，宣布中国实行改革开放等重大决策，实现了伟大历史转折，我们党和国家胜利走出了“文化大革命”困境。

改革开放40年来最主要的成果是开创和发展了中国特色社会主义，路走对了，理明白了。理是什么理？邓小平理论、“三个代表”重要思想、科学发展观、习近平新时代中国特色社会主义思想。理对了，路对了，这才能取得40年改革开放的巨大发展成就。

回顾我们党的历史，我们可以发现，中国共产党是实现中华民族伟大复兴的坚强组织者、领导者。在艰辛探索过程中，我们党从稚嫩走向成熟、从弱小走向强大，经受了一次次挫折、失败，经历了一次次危局、困境，又一次次凤凰涅槃、浴火重生，终于成长为今天在13亿人口的国家执政，具有广泛的国际影响力，世界上最大的马克思主义政党。历经磨难而不衰，千锤百炼更坚强，是对我们党90多年艰苦卓绝的奋斗历史最真实的写照。中国共产党之所以能成功应对前进道路上的各种危局、困境，我简单列举几个原因：第一，有坚如磐石的信仰、信念和信心，有马克思主义、共产主义作为强大的精神支柱和奋进灯塔。用小平同志的话讲，有支柱，最困难的时候还有信心，绝望的时候还有很多的期待、希望。第二，始终坚持人民至上、民族利益至上、国家至上，不忘初心、牢记使命。所以党在危难的时候，得到了人民的支持，有人民作坚实的靠山。第三，勇于坚持真理、修正错误，而不是回避错误。第四，有坚定不移的自我革命精神。

今天我就讲到这里，谢谢大家！

郝振省：下面按照惯例，我对今天的讲座做一个小结。

第一，从危局和困境的产生看，有主观上的原因，如党成立初期的稚嫩性、天真性、不成熟性，甚至是不设防性，比如我们对第一次国共合作是非常忠诚的。更有客观上的原因，就是国民党反动派的残酷性，他们置共产党人于死地而后快。当然还有共产国际包办代替、盲目指挥的原因等。

第二，从危局和困境的应对及解决来看，体现了中国共产党人革命信仰的崇高性和革命意志的坚定性，这种革命精神始终是中国共产党人宝贵的精神财富。还表现出中国共产党革命的智慧及其成长性、成熟性，中国共产党的理论是在不断进步和发展的。

第三，从危局和困境带给我们的启示来看，在我们党带领全国人民实现“两个一百年”伟大目标的奋斗进程中，一方面我们要有思想准备，就是危局和困境的产生也具有必然性和偶然性，这不仅是基于事物矛盾的普遍性和特殊性得出的结论，更是基于党的十九大精神提出的，中国共产党是追求人类进步的党，特别是在构建人类命运共同体的过程中，中国共产党负有不可推卸的责任。

另一方面，我们破解危局和走出困境，也具有必然性和某种偶然性。说它具有必然性，因为在当今世界上，没有哪一个党像我们党这样历经了难以想象的危局和困境；没有哪一个党像我们党这样不忘初心、牢记使命、不断学习、自我革新；没有哪一个党像我们党这样一代又一代形成自己的核心，朝着明确的目标大踏步前行。说它具有偶然性，因为习近平同志讲，我们要时刻准备应对重大挑战，抵御重大风险，克服重大阻力，解决重大矛盾。我们立足偶然性是为了实现必然性。暴风骤雨之后大海还在那里，中国还在那里，是因为中国共产党还在那里！

我觉得曹教授今天的讲座不是一般地讲党史，也不是平铺直叙地讲党史。他是以大量的材料支持和深刻的理论素养，用质朴的语言和典型的案例着重分析了我们党的危局和困境，带给我们重要的党史知识和理论知识。让我们再次感谢曹普教授！

（本文根据曹普2018年12月22日在中央和国家机关“强素质·作表率”读书活动2018年第12期主题讲坛上的讲座内容整理）

主讲人：武向平

武向平，天体物理学博士。现任中国科学院国家天文台研究员，中国科学院院士，十三届全国政协委员，中国科协常委，中国科学院大学天文与空间科学学院院长。兼任十三届全国政协教科卫体委员会委员，中国科协科学技术普及专门委员会副主任，中国经济社会理事会理事等。

长期从事宇宙学的研究，主持了在天山地区开展的“宇宙第一缕曙光探测”科学实验。目前担任中国科学院先导科技专项“多波段引力波宇宙研究”首席科学家，国际大科学工程“平方公里阵列射电望远镜（SKA）”中国首席科学家。

认识我们的宇宙

认识我们的宇宙

郝振省：同志们、朋友们，大家上午好！今天是2019年第1期，总排序第117期中央和国家机关“强素质·作表率”读书活动主题讲坛。我们为大家特别邀请到我国著名的宇宙学家、中国科学院院士、国家天文台研究员、中国科学院大学天文与空间科学学院院长武向平教授，大家欢迎他！

今天，武向平教授主讲的题目是“认识我们的宇宙”。我们设计这次主题有两点考虑：第一，由于学科的隔阂，我们关于宇宙的知识是碎片化的，比如中国古代的盖天说、浑天说，后来的托勒密地心说、哥白尼日心说，从开普勒对日心说的加强，到牛顿万有引力定律对日心说的加固，再到宇宙大爆炸理论和宇宙膨胀理论等。因此我们有必要系统化地了解宇宙学的基础知识。第二，同志们知道最近我国在航天领域取得了重大进展，我国自己研制的嫦娥四号探测器在月球背面成功实现了软着陆，而我国的火星探测计划也将于2020年前后开始实施。这些利好消息增加了我们了解宇宙的意愿。基于以上两点，我们请到了武向平院士，为大家讲一讲宇宙的奥秘。

武向平院士长期从事宇宙学的研究，主持了在天山地区开展的“宇宙第一缕曙光探测”科学实验，他也是中国科学院先导科技专项“多波段引力波宇宙研究”首席科学家，国际大科学工程“平方公里阵列射电望远镜（SKA）”中国首席科学家。由他主讲这个专题是非常理想的选择，下面让我们用热烈的掌声欢迎武向平院士！

谢谢各位领导，各位朋友。非常感谢有机会为大家讲讲我们的宇宙。

提到宇宙，你们首先会想到什么？大家首先会想到宇宙太大了，遥不可及、无边无际、深奥莫测，甚至想到宇宙离我很遥远，与我无关。当然，有很多朋友也可能会通过宇宙联想到哲学观，甚至是宗教观。

的确，有人说宇宙非常大，无边无际，根本没法研究；有人说有母宇宙，也有子宇宙，我们生活的宇宙就是由母宇宙诞生出来的一个子宇宙；也有人说宇宙像泡沫一样，存在很多个，而人类只能孤零零地在自己的宇宙里待着，不能到别的宇宙中去；还有人说其实宇宙的概念是假的，是科学家用数学公式、物理定律造的数学模型……

今天我与各位分享的是我们天文学家看到的宇宙，是基于我们今天观测到的事实而勾画的宇宙。

一、宇宙的基本特征

1. 宇宙的名字、年龄、大小、成员和诞生

首先来看宇宙的名字。事实上我们老祖宗对宇宙的理解是非常准确的。查阅我们的《新华字典》就会发现，“宇”的释义是上下四方，“宙”则是古往今来。“上下四方”讲的是空间，而“古往今来”讲的就是时间，所以宇宙的中文名字要远远贴切于其他文种（如英文名字 Universe）。那么空间和时间又是由什么决定的呢？根据爱因斯坦的广义相对论，空间和时间是由物质决定的，所以人们往往把宇宙想象成包含所有物质的集合。

再来看看宇宙的年龄。138 亿年前诞生了宇宙，故而今天它 138 亿岁，听上去年龄非常大，但其实它还是个婴儿，还在不断成长。

宇宙有多大？今天宇宙的高度是一串很长的数字，以米为单位，一共 26 位数，前面五位数我们可以测量出来，是 42895，后面测不准的数字就用零表示。所以宇宙是可以用尺度来丈量的。

宇宙的体重，我们以密度来表示，即单位体积有多重。今天天文学家测出来的宇宙密度是一个非常小的数，以小数点开始，后面有 30 个零，最后三位数“417”，单位是克/立方厘米。所以宇宙的密度非常低，比空气的密度还低 10^{27} 倍，而这个密度还在降低，因为它的身高还在长，所以宇宙会越来越轻盈。

宇宙的基本成员有两种：一种是如银河系这样的星系，宇宙中有一千亿个像银河系一样的星系；另一种是我们熟悉的星星，每个银河系这样的星系平均包含约一千亿颗恒星。我们常说天上的星星数不清，其实天上的星星数得清，大约有 10^{22} 颗。

2. 人在宇宙中的地位

在茫茫宇宙中我们常常感到很迷惑，我们站在地球上仰望宇宙，会认为自己就在宇宙的中心。但事实真是这样吗？我们可以来一次太空旅行，旅行的出发点就在北京，当你离开北京回首大地，我们会发现北京的地理位置并不是中国的中心，离开国土会发现中国也没有在地球的中心，而是东方的一个大国。当我们离开地球会发现，地球其实是太阳系的第三颗行星，也没有在太阳系的中心。当我们离开太阳系就会发现太阳系身处银河系中，并没有位于银河系的中心，也没有位于银河系的边缘。实际上银河系的中心是没法生存的，因为那里是黑洞，而且在银河系中心恒星的密度非常高，如果太阳系带着八大行星住在银河系中心的话，运行轨道可能会被其他星球影响，根本无法维持一个稳定的轨道，也就不会有生命形成。最后当你离开银河系消失在宇宙中，就会发现自己仅仅是茫茫宇宙中的一粒尘埃。

人类在宇宙中根本没有任何特殊的位置，即便没有地球、没有太阳，甚至没有银河系，我们的宇宙也照样存在。我们只要想想，古人类至今也不过几百万年，人类的文明史不过 5000 年，没有人的时候地球就存在，宇宙也存在。如果哪一天地球上没有了人类，我们的宇宙还会依然存在。从这点看人类很悲哀。但我们又是伟大的：人类体积虽然非常渺小，微不足道，但我们有聪明的大脑，有卓越的智慧，能认识宇宙，看穿宇宙，认识万物的演化规律，甚至知道宇宙未来的命运。宇宙中没有任何东西能做到！

二、宇宙的起源

1. 宇宙膨胀的发现和大爆炸的痕迹

今天的宇宙学已经进入精确宇宙学的时代。

在宇宙学的发展过程中有许多做出过重大贡献的人物，其中最关键的一个人无疑是哈勃（太空中的哈勃望远镜就是以他的名字命名的）。哈勃是宇宙膨胀的发现者，他观测到银河系周围 24 个星系都在彼此远离，而且距离越远的，离去的速度也越快。今天的天文学家把哈勃当年的观测范围扩大到上千倍、上万倍，验证了哈勃的发现是对的，就是距离我们越远的星系远去的速度越快。大家感到兴奋的同时又觉得很困惑，为什么它们都远离我们而去，距离越远离开得就越快？如果哈勃发现的这个规律是对的，那么宇宙这么大，我们总能设定一个距离，距离只要足够远，它往外奔跑的速度就会比光跑得还快。人们在几十年后才意识到，哈勃看到的现象并不是简单的多普勒运动，而是宇宙空间的整体膨胀。空间的膨胀使得电磁波的波长被拉长了，所以看到的波长像在运动一样。

如果整个宇宙空间在不断膨胀，那就有一个非常简单直观的推论，因为大家一起在膨胀，如果我们将时间后退一步，退到昨天，那么大家靠得就近一点；退到前天，大家靠得就更近一点……若大家一起一直倒退，那么在遥远过去的某一天，大家一定会碰在一起的。这个时候我们就会想，人们难道不是从同一个地方来的吗？沿着时间发展的轨迹来看，宇宙不就是从一个点爆炸形成的吗？于是产生了宇宙应该来自大爆炸的传说。

俄罗斯裔物理学家和天文学家乔治·伽莫夫在1948年及1956年两次做出预测，如果宇宙来自大爆炸，大爆炸的火球在不断膨胀，越膨胀温度就越低，那么宇宙大爆炸的火球冷却到今天的温度是零下267摄氏度（6K）。十年后，贝尔实验室的两位工程师偶然发现了大爆炸火球的遗迹：他们利用旧雷达天线和灵敏的接收机偶然发现了微波背景辐射的存在，且温度等效零下270摄氏度。这个重大发现在1978年获得了诺贝尔物理学奖。哈勃发现了宇宙的膨胀，加上人们找到了大爆炸火球的遗迹，使我们坚信宇宙的确起源于大爆炸。

2. 宇宙元素的起源

质子、中子、电子结合起来就会形成一个原子核。而宇宙早期的温度非常高，粒子运动速度非常快，质子、中子、电子是无法结合起来的。但是随着宇宙的膨胀、温度的降低，有一个时期宇宙的温度非常适宜形成基本的元素，这三种粒子就可以结合起来形成原子核。

宇宙中形成的第一个元素就是由一个质子和一个电子组成的氢。第二个元素就是两个质子、两个中子、两个电子组成的氦。可是当第三个元素锂要形成的时候，宇宙已经冷却了，并且锂原子很复杂，结合起来需要更高的能量。所以根据计算，大爆炸之后宇宙只诞生了两个最轻的元素：氢和氦。宇宙中只要有 1 个中子就大约有 6 个质子，质子比较多，形成的氢就比较多；中子比较少，形成的氦就比较少。科学家根据简单的比例配对计算后发现，宇宙中有 77% 的物质是氢，23% 是氦。但起初人们并不相信，宇宙中怎么会只有两种元素呢？后来人们做了一个分析，通过研究太阳发现，太阳的成分就是 77% 的氢和 23% 的氦，这解释了太阳为什么会发光。阳光来自于太阳中心的核聚变，氢发生了核聚变，在变成氦的过程中产生了热量才有了阳光。正因为这样，太阳总有一天会把氢消耗殆尽，此后太阳就会消亡。并且通过计算发现，太阳今年已经 50 亿岁了，再活 50 亿岁就会消亡。再分析宇宙中的其他天体（除了较小的行星系统和致密系统），它们基本上都含 77% 的氢和 23% 的氦。

元素周期表

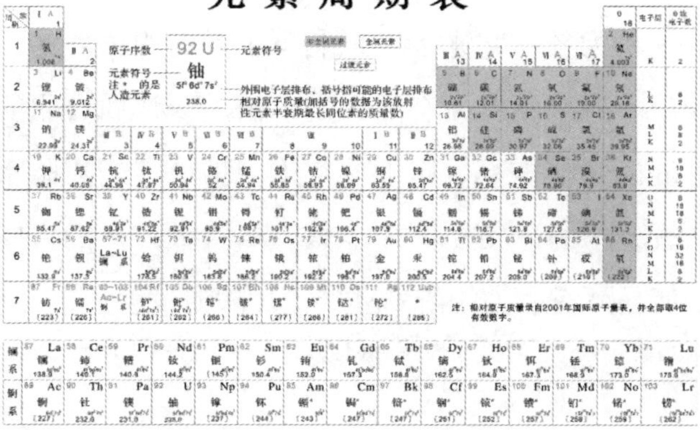

我们看看化学元素周期表上的元素，除了氢和氦是宇宙大爆炸时就产生了，其他的元素是怎么来的呢？元素周期表中除了那些人工合成的非常重的元素，其他元素均来自天上，它们来自恒星内部的核反应，两个氢合在一起变成氦，氦合在一起变成锂，锂合在一起变成铍，如此一直合成下去。当太阳系形成的时候，这些元素落在太阳系里，当地球形成的时候把这些元素再抓起来，地球上就有了这些丰富的元素。

3. 宇宙力的起源

自然界有四种力，我们最熟悉的力是万有引力，此外还有电磁相互作用力、弱相互作用力、强相互作用力。既然所有物质都来自宇宙大爆炸，那这四种力也必然来自宇宙大爆炸，所以人们提出了“大统一理论”，就是希望把自然界的四种力完全统一在一起，这个大统一的舞台就是大爆炸。

今天人们已经把电磁相互作用力、弱相互作用力、强相互作用力这三种力统一起来了。只剩下了万有引力。为什么万有引力不能统一进来呢？万有引力是宇宙大爆炸后产生的第一种力，当时的能量非常高、压强非常大，地球上的实验室无法开展相关研究，只有宇宙空间才能做。尽管大统一的方向可能是正确的，但是万有引力的统一还要等一段时间。

三、宇宙未来的命运

1. 膨胀还是收缩？

今天的宇宙在膨胀，未来的宇宙将向何处去？人类能够预知宇宙未来的命运吗？宇宙中物质的多少决定着宇宙未来的命运。宇宙中的物质如果特别多，就会产生足够的引力，终有一天可以阻止宇宙的膨胀，让宇宙膨胀变慢，直到停下来，甚至还会收缩回来。相反，如果宇宙中没有那么多的物质，宇宙就会永远膨胀下去。所以宇宙膨胀还是收缩，就取决于一个值——宇宙中物质的数量。不过这个值很容易计算，大约每立方厘米中有百分之一个电子质量就足矣，这个值非常之小。

如果宇宙中的物质足够多，那么宇宙会因为收缩不断升温，总有一天万物会被烧死；如果宇宙中没有那么多的物质，宇宙就会永远膨胀下去，温度不断降低，万物就会被冻死。但不管怎样，那都是很遥远的事情。

2. 暗物质和暗能量

放眼整个宇宙，宇宙中是不是只有星星，我们眼睛看到的是不是就是真实的宇宙？答案是否定的。人们看见的仅是可见光带来的信息，宇宙中还有很多人眼看不见的物质。比如同一个星系，人眼看到的样子，与红外望远镜、X 射线望远镜、射电望远镜等看到的样子都不一样，这是因为同一个物体在不同波段中展现出了完全不同的形态。如果天文学家只数了能看到的星星，就推断宇宙中的物质太少了，不能让宇宙停止膨胀，那么就可能忽视了很多宇宙中看不见的东西。那如何能测量出有多少看不见的物质呢？地球围绕太阳转，转一圈用 365 天，从旋转的轨道和周期可以知道太阳有多重。1933 年，瑞士的一位天文学家通过测量几十个银河系大小的星系在星系团里的运动，得到了星系团的质量。结果发现通过测量运动得出的质量比测量发光得出的质量高了 400 倍！

20 世纪 70 年代，人们开始测量银河系等星系，通过恒星绕星系转动的速度计算出星系的质量，结果发现星系中大部分东西根本不发光。我们看到的银河系只是 10% 的银河系，还有 90% 的部分根本没看见。后来人们通过引力的办法、运动的办法，在过去 20 年中测量了大大小小各种星系和星系团，结果发现宇宙中 86% 的物质居然不发光，我们把它们称为暗物质。

即使把暗物质的贡献计算进去，我们发现仍然不能让宇宙停止膨胀，天文学家只能得出结论，宇宙将永远膨胀下去。整个宇宙的辐射温度将会越来越低，而且是不可逆转的。但是宇宙的膨胀也有3种方式，膨胀的速度是加快、减慢还是匀速？1998年，3位天文学家领导的小组各自独立做了测量，同时发现了一个现象，即宇宙的膨胀是加速的。这一惊人的发现使得这3位天文学家被授予了诺贝尔物理学奖。

这也引出了一个问题，宇宙膨胀我们没有办法阻止，而且宇宙还要加速膨胀，是什么让宇宙加速膨胀？我们知道一个系统没有注入能量是不会膨胀的，现在宇宙都变冷了却还在加速膨胀，这是为什么？这归因于“宇宙的幽灵”——暗能量的存在。

当今笼罩在21世纪物理学上的两朵乌云就是暗物质、暗能量。暗物质就在太阳系的周围，而暗能量也是能够感受到的，就是宇宙在加速膨胀。目前，我们只认识了4%的宇宙，还有96%的宇宙是未知的，其核心问题就是不知道暗物质、暗能量的本质是什么。

现在物理学界上天入地做的一件事情，就是寻找暗物质。在空间站上有丁肇中先生的阿尔法磁谱仪，还有很多其他的地下实验，大家都希望找到暗物质。中国拥有目前世界上最深的暗物质实验室，在四川的锦屏山，清华大学和上海交通大学在那里各进行一个实验来寻找暗物质。2015年，我国还发射了第一颗暗物质粒子探测卫星“悟空号”。习总书记还在新年讲话中专门提到这件事情，大家对它寄予很高的期望，期待我们中国人的卫星在天上能够观测到暗物质湮灭的信号。

四、宇宙答疑

关于神秘的宇宙的确有很多问题，可以列出好几页纸，大家经常会问有没有外星人，有没有黑洞，地球会毁灭吗？我现在给大家简要地回答这些问题。

1. 宇宙大爆炸的能量从哪里来？

宇宙大爆炸的能量来自于真空的破缺。简单来说，原来的真空能量比较高，当真空突然从高能态转为低能态，能量就出来了。真空是宇宙各个地方都有的，膨胀的时候也是各个地方同时开始，今天全宇宙的真空都处在同一态，就是零下 273 摄氏度。那么宇宙会不会再发生一次真空破缺，导致绝对零度由零下 273 摄氏度变为零下 400 摄氏度？理论上讲是可以的，但是实际上不可能。理论上，这个真空要再骤变一次，需要宇宙各个地方同时变。当初宇宙爆炸的时候空间比较小，现在空间这么大了，各个地方同时改变一次真空态的概率等于零。

2. 宇宙中有黑洞吗？

我们总说有一天所有物质都会掉进黑洞，那么黑洞真的存在吗？如果把地球的直径压缩到 1 厘米，把木星的直径压缩到 3 米，把太阳的直径压缩到 3 公里，那就是黑洞。大家对黑洞的理解，就是它会把一切东西都吸进去。那么宇宙中到底有没有黑洞呢？我们可以做一个简单的观测。银河系有 2300 亿颗恒星，每颗恒星都围绕银河系中心在转，银河系中心有什么东西？天文学家通过观测发现，银河系中心的所有星星都围绕一个黑点在转，根据它们运动的椭圆轨道，可以算出来这个黑点的质量，它的质量比太阳大了 400 万倍，所以大家相信这个黑点就是一个黑洞。目前，人们正在测量这个中等质量黑洞。

3. 宇宙中有其他生命吗？

人们很关心茫茫宇宙中有没有和人类一样的生物。天文学家相信外星人吗？也许相信，天文学家们也在寻找地外文明。我们主要用三种观测方法：第一，我们想找找有没有适合人类居住的星球，如果没有这种星球大概就不存在外星人；第二，能不能截获到外星人的通话，如果他们的文明程度足够高，应该可以发射信息；第三，构成生命必须有有机分子。

天文学家在 1993 年发射了一颗开普勒卫星，专门寻找适合人类居住的星球。这颗卫星把围绕太阳 3000 光年范围内所有的行星、恒星系统全部都找了一遍，发现有 4% 的类地行星；有 23% 是超级地球，比地球大多了，等等。2014 年人们发现了第一颗与地球几乎一样的行星。2015 年，人们找到了第二颗这样的行星。2017 年又发现了与太阳系几乎一样的星系，被称为开普勒 -90 系统。这个星系中行星系统的轨道排列和我们太阳系的轨道排列几乎是完全一样的。目前，天文学家把全世界许多的射电望远镜集中起来，对着这些星球做谱线分析，想进一步观察上面有没有水分子，有没有臭氧，有没有甲烷，有没有二氧化碳，因为这些东西是人类活动的痕迹。

4. 世界末日会来临吗？

最后一个问题，讲讲人类的命运。民众容易被虚假消息忽悠，比如说 2012 年是世界末日。从天文学角度讲有没有世界末日？答案也许是肯定的。对地球最大的一个威胁是伽马射线暴。伽马射线会产生非常强的高能辐射，宇宙中每天都有两到三个伽马射线暴爆发，它在 1 秒钟内可以把太阳一生的能量全部释放出去。庆幸的是在银河系至今都没有发现伽马射线暴。现在没有人清楚地知道它的发生机制，如果在银河系出现伽马射线暴，而且波束正好照到太阳系，那么地球瞬间就会被毁灭。

还有一个威胁来自于水。生命依赖于水，地球上的水资源是有限的，而太阳在不断燃烧氢，它的外围会变得越来越亮，有理论计算表明，太阳的亮度每 1 亿年会增加 1%，那么 15 亿年以后地球的水就全部被蒸发了，所以人类要考虑移民到外星球的事了。很多年前，一些社会学家、教育学家、科学家就已经意识到这个问题，试图建立第二个地球。科学技术发展非常快，我们还有很多年的时间来准备太空移民，将来的科技一定可以让人类在外星球生活得非常好。

非常感谢大家！

郝振省：下面按照惯例，我对今天的讲座做一个梳理和小结。

第一，武院士讲了宇宙的基本要素和特征。我们说有无数颗恒星，一层一层向外展开，地球在整个宇宙中显得如此的微不足道，人更显得如此渺小。然而生存在地球上的小小人类，却以自己五千年的文明史观测到浩瀚宇宙的年龄、身高、密度、家族成员等，掌握它的演化规律。像法国哲学家帕斯卡尔所说的那样，人只不过是一根芦苇，是自然界最脆弱的东西，但人是一根能思想的芦苇……纵使宇宙毁灭了他，人却仍然要比致他于死命的东西高贵得多，因为他知道自己要灭亡，以及宇宙对他所具有的优势，而宇宙对此却是一无所知。我们全部的尊严就在于思想。当渺小的东西能够囊括很伟大、很庞大的事物之时，你还能说它很渺小吗？

第二，武院士讲到了宇宙的起源及其形成过程。宇宙来自大爆炸，从高温的状态膨胀散开，以星系为基本单元来成长，非均匀地分布于广袤空间，形成了有规则的结构。因为大爆炸的作用，形成了世间的基本元素，氢元素和氦元素逐步构成并维护着星球的实体。这实际上验证了恩格斯的一个结论，世界的真正统一性在于它的物质性，运动是物质的存在方式，时间是物质运动的延续性，空间是运动着的物质的广延性。这里讲的宇宙的形成实际上给了我们一种理论自信，宇宙学的理论发现是世界物质性的坚实基础。我以为马克思主义哲学的本体论，就是物质论，在物质论基础上产生认识论，认识论有它的辩证法，辩证法上面有历史观。

第三，武院士讲到宇宙未来的命运，讲到膨胀、收缩的问题，讲到暗物质、暗能量的问题，还讲到人类命运的前景。宇宙末日、地球末日和人类末日的描述是否太悲观了？其实不然，这恰恰反映了科学家们探究规律和真理的精神，我们不妨把这种精神叫做规律自信。所谓规律自信就是按照科学的方法探讨自然界或者人类社会运行的因果关系，寻求规律性的逻辑，并按照本身的逻辑得出结论，哪怕特别残酷也没有关系。当然我们不是俯首帖耳做这种结论的奴隶，而是寻求改变这种结论的路径和办法，从而使宇宙和地球朝着更有利于人类的方向发展。

同志们，今天武向平院士以他精深博大的宇宙学、天文学的科研底蕴，以一种举重若轻的口吻，深入浅出地向我们介绍了宇宙的基本特征、宇宙的起源、宇宙的前景，还有地球和人类的未来命运，使我们在较短的时间内获得了非常珍贵的关于宇宙学的基本知识，为提升我们的综合素质上了非常重要的一课，让我们再次以热烈的掌声感谢武院士的精彩演讲！

（本文根据武向平2019年1月26日在中央和国家机关“强素质·作表率”读书活动2019年第1期主题讲坛上的讲座内容整理）

主讲人：钱乘旦

钱乘旦，历史学博士，英国考文垂大学名誉文学博士，英国皇家历史学会通讯会士；现任北京大学博雅讲席教授，历史系博士生导师。国家社科基金专家评审组成员，国家教材委员会专家委员会委员，教育部社会科学委员会委员，教育部国别区域研究咨询委员会委员，中国英国史研究会荣誉会长；第4—6届国务院学位委员会历史学科评议组成员、召集人。主要著作有《在传统与变革之间》《工业革命与英国工人阶级》《西方那一块土：钱乘旦讲西方文化通论》等。

文明的多样性和世界未来的发展

文明的多样性和世界未来的发展

郝振省：今天是2019年第2期，总排序第118期中央和国家机关“强素质·作表率”读书活动主题讲坛。我们为大家特别邀请到北京大学博雅讲席教授、历史系博士生导师，我国著名历史学家钱乘旦教授作为我们的主讲嘉宾，大家欢迎他！

钱教授今天主讲的题目是“文明的多样性和世界未来的发展”。在党的十九大报告中，“八个明确”的第七条和“十四个坚持”的第十三条就提出，中国特色大国外交要推动构建新型国际关系，推动构建人类命运共同体；始终不渝走和平发展道路、奉行互利共赢的开放战略，坚持正确义利观，树立共同、综合、合作、可持续的新安全观，谋求开放创新、包容互惠的发展前景，促进和而不同、兼收并蓄的文明交流。为此，自然有必要弄清楚以下一些问题：何为世界文明多样性，它是主观的还是客观的？世界文明多样性是如何形成和展现的，它是线性还是非线性的？如何看待和应对世界文明多样性？现在让我们热烈欢迎钱乘旦教授为大家解答这些问题！

文明的多样性已经受到越来越多的关注，从中央领导到社会各界都对文明多样性这个问题有了越来越深入的认识。在我们的世界中，各种各样的文明有着什么样的关系？不同的文明在世界历史进程中有着怎样的发展趋势和走向？对于这些问题，我们确实需要做一个比较清晰的梳理。

一、古代文明的多样性

人类远古文明都出现在水边，首先是因为人的生存离不开水，而更重要的原因是河，尤其是大河，为远古人类的彼此交往和沟通提供了最方便的途径。

我的基本观点是，人类的文明是在相互的交流、碰撞、冲突中产生的。我们设想，如果在一个非常封闭、狭小的地理范围内生存着一些人，这些人数量很少，他们的活动范围也不大，在这样的环境中要产生文明、发展文明是非常困难的。相反，如果在地域广阔、交通便利的环境中生存着各种各样的人，他们能够相互沟通和经常交往，这样就会造成各种各样的压力，形成各种各样的思想冲撞，引起各种各样的新思维，带来各种各样的技术和生产手段，如此，能够不断发展的文明也就产生了。

我们知道远古时期的交通非常不便，尤其是陆上交通更加艰难。人们一天能够走百十里路就很了不起，即使是骑马也去不了多远。而水，尤其是大江大河就给生存于不同地区的人群带来了交通上的便利，这就使他们相互交流更加容易了。所以水对人类文明的形成和发展至关重要，这也就解释了为什么人类最古老的文明都出现在水边。

1. 两河与埃及

人们普遍认为，世界最早的文明产生于两河流域的美索不达米亚平原，就是今天战乱最严重的地区——伊拉克和叙利亚。再往后就是埃及的尼罗河流域文明，接下来是印度河流域文明，以及长江、黄河流域文明。所以我们说那些远古文明都是大河文明。

我们先看看人类远古文明刚出现时的状态。最远古的文明出现在两河流域，这个地区相对干旱，但文字、宗教、天文知识、社会分化现象都是在这里最早出现的。就国家这样一种社会结构而言，也是最早出现在这个地区的。在两河的远古文明时代，存在过一些大名鼎鼎的国家，比如阿卡德帝国、古巴比伦王国、亚述帝国、新巴比伦王国。但是这个地区的文明自古以来就有一个非常显著的特点——混乱，而且这种混乱一直持续到今天。为什么会出现这样的情况？我们看一下两河流域的地理位置，它位于欧亚非交界，在它的西边是地中海，在它的东边是波斯湾，在它的南边是红海，因此这个地方交通十分便利，有水、还有十字交通的存在，这就印证了我所说的远古文明来源于不同地区人们的交往，大量的人群在这里进进出出、来来往往，每次进出、每次来往都会带来社会变动，从而造成动荡的局面，这是一个非常有趣的现象。

尼罗河文明位于今天埃及境内的尼罗河流域，出现在距今5000年前。这个地方的文明有着长期稳定的特点，与两河流域文明的混乱形成了鲜明的对比。在公元前3000年左右，上下尼罗河地区就已经完成统一，法老作为神和太阳的子孙牢固地统治着古代埃及，这种神权性质的政治形态在古代埃及延续了很长的时间。后来希腊人、罗马人入侵并统治了古代埃及，加上之后伊斯兰教的传入，埃及的远古文明最终还是消亡了。如今人们能够看到的古代埃及文明就只有金字塔和一些文字符号。

2. 印度与波斯

首先我强调一下，我们说的古代印度文明其实并不在今天的印度，因为印度河在巴基斯坦境内。远古的印度文明产生时间也是相当早的，大约距今4200年到4500年左右，不过印度河流域的远古文明后来也消失了，那是因为雅利安人的入侵。雅利安人来到印度河流域，带来了一个非常重要的制度——种姓制，种姓制后来就成了南亚次大陆文明形态的一个非常显著的特征。种姓制，或者类似于种姓制这样一种社会形态其实在世界其他地方也曾经出现过，但是最典型的种姓制一直存在于南亚次大陆。在这样一种社会结构下，我们看到的情况是在印度漫长的历史中，绝大多数时间都是小国林立、王政盛行，这就有点儿像我们春秋战国那个时期。在印度历史上当然也有过强大王朝统治的时代，但都非常短暂，一两百年这个王朝就会瓦解。

小国林立就会造成战争频发，但政治层面的战争却没有影响到印度社会结构的高度稳定、高度固化，这是因为种姓制的存在。种姓制是和人们的职业、婚姻、居住、社会分工紧密联系在一起的。比如 1000 年前的一个村庄是什么情况，1000 年后这个村庄还是这样，做某种工作的、干某个行当的还是这家人，这就是种姓制带来的结果。现在的印度依然存在着种姓制，虽然被官方完全否定，但它依旧发挥着作用。

波斯就是今天的伊朗，也是古代文明的诞生地之一。波斯文明有一个非常重要的特点，就是形成了世界上最早的中央集权的帝国统治形态。这种统治形态在世界范围内产生了十分巨大的影响。比如希腊人征服波斯后，就延用和发展了它的帝国统治形态。还有后来的罗马帝国，其帝国形态和古代波斯也是相当接近的。世界上其他一些帝国也多多少少受到了古代波斯文明的影响。

3. 希腊与罗马

接下来，我们谈一谈古代西方文明——古代的希腊和罗马文明。古代的西方文明最早出现在海边，这种以海为依托的文明体现出了所在地区的人口流动性更大的特点。希腊是一个多山的地区，不适合农业的发展，当人口压力太大时，就会有一部分人迁徙到其他地方，这就形成了所谓的殖民。而殖民的城邦就和希腊当地的城邦形成了一种海洋的商业关系，这是远古希腊文明的一个特点。还有另外一个特点，就是古代希腊是以城邦为基本政治单位的。城邦是什么呢？就是以一个城市为中心，加上周边的农村地区形成的政治体。古代希腊大概有两百个城邦，其中人口最多的就是雅典，它的人口大概有 40 万人，土地面积也就 4000 多平方公里，其他的城邦就更小了。这个地方的特点就是无法形成一股强大的力量，城邦之间总是相互对抗。古代希腊在政治结构方面始终没有出现一个统一的政权。

希腊文明还有一个特点，就是以雅典城邦为代表的古代城邦公民民主制。古代希腊每一个城邦的政治制度都是不一样的，当然有一些基本结构是相同的。雅典城邦的公民民主制其实也只出现在伯里克利时代，只有 80 年。伯里克利是古代希腊最著名的政治家、军事家，他长期在雅典执政，领导雅典城邦进行了伯罗奔尼撒战争。

有人说罗马是古希腊直接的继承人，其实不是。罗马起初只是一个城邦，后来经过几百年不断的军事扩张，统一了意大利，后来又占领了整个地中海盆地，最后形成了一个庞大的帝国。这是古代希腊做不到的，它就没有真正统一过。

在罗马的历史上，出现过各种各样的政治形态，比如王政、寡头政治、军人统治、帝国形态、共和国形态等等，唯独没有出现民主制。原因很简单，古代希腊的城邦公民民主制在小国寡民状态下才可能出现，而罗马通过军事征服，国家不断扩大，人口不断增多，就无法实现像雅典城邦这样的公民民主制了。

我们再回到希腊的城邦公民民主制。雅典的公民民主制非常典型，但它只存在了 80 年，就由于一场战争消失了，这场战争叫伯罗奔尼撒战争。在伯罗奔尼撒战争期间，雅典的领袖伯里克利发表了一次演讲，这次演讲被看作是古代民主制度和民主理念的宣言书。在演讲中伯里克利说，我们的战争是正义的，因为我们的制度是民主的；我们的敌人是非正义的，因为他们是专制的；正义的战争一定会战胜非正义的战争。这次演讲使得伯里克利成了古代城邦民主制的旗手。可是雅典在这场战争中失败了，结果雅典的制度也就瓦解了。

战争结束后修昔底德写了一本书，就叫《伯罗奔尼撒战争史》，他把整个战争的过程详尽地写了下来。他写这本书的目的就是要去探讨雅典为什么会失败。他得出的结论是雅典的城邦公民民主制有问题。后来亚里士多德也认为这个制度有问题，他将当时已有的政治制度划分为三种类型，即一个人的统治、少数人的统治、多数人的统治，亚里士多德认为这三种类型各有利弊，都不完美，最理想的应该是混合制度。亚里士多德的这种看法在西方的政治文化中产生了巨大的、深远的影响。

西罗马帝国解体之后，西欧进入了封建时代。这个时代的特点是以土地分封为基础，形成了领地、庄园、贵族层层的结构分封制度，但这种土地分封制度的基本状态与中国古代的分封制度是有根本区别的。

进入中世纪，西方古代文明就基本消失了。

4. 古代中国

中华文明是唯一没有中断而延续至今的古老文明。大约5000年前在这片广袤的土地上就已经形成了很多酋邦，这些酋邦互相接触、互相沟通，然后逐步融合，慢慢朝着统一国家的方向发展。4000多年前的夏就已经是地域广阔的国家了。人们将3500年以前的商称为帝国，因为它拥有统一的中央权力，而确凿的文字记录也印证了这个朝代的真实存在。

当欧洲进入荷马时代时，中国的周王朝建立了。周天子用分封制度规范了土地的分配形式和社会的等级秩序，解决了在广大地域内进行统治的形式问题。但这种制度越到后来，所导致的问题也就越严重，最后造成了社会的严重分裂和动荡。到了东周、春秋战国时期，社会就完全分裂了。而长期的动荡不安给社会造成了巨大的伤害。所以《孟子·尽心下》中有一句话叫“春秋无义战”，意思是诸侯们为了私利发动的战争都是非正义的。

到了公元前3世纪，秦始皇统一了六国，建立了中国历史上第一个大一统王朝，这种统一的国家形态和社会形态就保证了中华文明的延绵不断、生生不息。在所有的早期文明中，中华文明不是最早出现的，但一直延续到了今天，从来没有中断过，这是其他古代文明都没有做到的。所以说国家长期的和平、安定是中华文明延续至今的重要因素。在中国历史上“统”的时间远远长于“分”的时间，这是中华文明最大的特点，也是我们最珍贵的遗产。

还有一个重要因素，就是中华文明有强大的思想黏合剂——孔子学说。孔子生活在一个社会高度分裂、战乱不断的时代，人们在长期战乱中经受了很多苦难。孔子在行走八方、周游诸国时看到了这些苦难，所以他希望结束社会的动荡，回归秩序。因此他设计了一套关于秩序的学说，把天（自然）、人、鬼、神等所有的东西放在一个统一的框架之中，这就叫作“天人合一”。这是一个无比庞大的框架，而他做这个框架的目的非常明确，就是制定一个秩序。孔子学说的本质是提倡和平、反对战争，倡导社会公德、反对追逐私利。孔子的出发点就是把混乱的社会重新安置在一个拥有共同秩序的大框架内，而这个大框架就是中华文明的思想黏合剂，也是中华民族基本的精神架构。所以我有一个基本的看法，就是文明需要有载体，一个是有形的载体，就是国家；另一个是无形的载体，就是精神方面的意识形态。

二、现代文明的多样性

西欧从古代希腊开始就没有出现一种统一的意识形态，直到罗马帝国晚期才出现了基督教，但是当基督教真的成了被普遍接受的一种意识形态的时候，罗马帝国却崩溃了，西欧进入到了封建时代。封建时代的特点之一就是国家和教会的分离，在座的各位可能听到过一个说法，就是在中世纪的欧洲，恺撒和上帝各管一摊。什么意思？就是国王管国王的事，教会管教会的事。

在中世纪1000多年中，国家和教会之间的关系非常微妙，并没有很好地结合起来。再加上欧洲在中世纪以土地分封为基础的封建分裂状态，就使西欧的社会在这1000多年中处在一个高度分裂的状态，而这种高度分裂的状态与中国在周王朝末期的情况很相似。我刚才说过，周王朝的土地分封制度造成了中国历史上的长期战乱；同样的，西欧在中古时期的土地分封制度，造成了当时西欧的长期战乱。

我们退回到公元前后那段时期，大约从公元前3世纪到公元后3世纪，当时在西方有一个强大的国家，就是罗马；在东方有一个强大的国家，就是汉帝国。到了公元4世纪，罗马帝国解体，汉帝国也解体了，整个世界一片混乱。但是再往下走，东边的混乱慢慢结束了，随之而起的是中华文明的另外一个高峰——盛唐。大唐是当时世界上辉煌无比的帝国，几乎就是世界第一。接下来宋元明清一路走下来，没有出现很大的问题。

而罗马帝国解体以后，欧洲就一落千丈。直到公元1500年左右，西方才重新缓过这口气来，我们叫作西方的崛起。从公元5世纪一直到公元15世纪这1000年间，世界最落后的地区就是我们今天把它叫作西方的那个地方，就是西欧。原因是什么？是因为它没有辉煌的古代文明吗？不是，它有。是因为西方人突然之间变笨了吗？不是，那里的人没有变笨。原因就在于那里的社会结构出问题了，就是由分封制度造成的社会的彻底分裂。因为土地分封是层层地分封，而且跟着土地分封一起纳入分封体系的，还有政治权力的分封。什么意思呢？就是当一块土地落到某一个封建领主手里时，这块土地上的政治权力，包括立法权力、司法权力、军事权力、行政权力、铸造货币的权力等等，只要能够想到的权力全部跟着土地一起落到这个领主手里，而且土地是可以一层一层往下分封的，这和古代中国的分封制完全不是一回事。所以当国王把大片的土地分给了几个大贵族以后，自己手中剩下的权力就已经很小了，国王只能管理自己留下来的这块地。所以虽然他名义上是国王，但是其他地方他都管不了。而大贵族拿到这些土地之后继续往下分封，然后这些土地和权力就到了一批小一点儿的贵族手里，然后这批小一点儿的贵族再把土地继续分封，土地和权力就又到了更小的贵族手里，如此一来整个社会就解体了。

如果西方想要重新崛起，就必须结束社会分裂的状态，必须做到把国家这个有形的载体与意识形态这个无形的载体有机地结合起来，这样才能统合出一个整体的社会。这个问题从公元 1500 年左右开始解决了。那么到底发生了什么事情呢？比如文艺复兴，比如大航海运动，比如宗教改革，比如启蒙运动等等，这就使得西方开始摆脱中世纪那种落后的状态了。而在这个过程当中，特别值得提出来的，就是我们称为"现代民族国家"的国家形态的出现。

所谓现代民族国家是以一个民族共同体来作为这个新的国家形态的基础，以对这个民族共同体的认同来作为共同思想的基础。这种新的国家形态使得西方能够迅速崛起。在崛起的过程中，我特别要提到一个现象，就是这些崛起的西方国家都经历过一个制度，这是一个听起来非常刺耳的制度——专制主义王权。因为西方落后1000多年的根本原因就是社会的分裂。要改变落后的状态，就必须结束分裂，形成一个统一的国家，而能够完成这项统一任务的就是专制王朝。西方文明和世界上其他文明一样，是随着时代的变化而变化的。在公元1500年左右的西方就出现了新的变化，这种变化帮助西方一步一步走出了落后的状态，一步一步赶上了东方，最终超越了东方。从此人类就进入了一个新的时代，这个时代的特点就是西方的崛起。新的文明在西方出现了，其特点就是商业的兴起，出现了市场、市场经济，最后出现了工业。

接着我们看到的就是资本主义制度在西方的崛起，这种新的意识形态带着无休无止的追求欲，在整个世界无限扩张，慢慢遍布于全球。在资本主义社会中，资本就是一根轴，其他所有东西都要围着这根轴转——工业和商业要围着这根轴转，科学技术也要为这根轴服务。西方成了世界的火车头。

黑格尔写了一本叫《历史哲学》的书。在这本书中，黑格尔说文明的太阳从东方升起，在西方落下，却升华成人类精神的万丈光芒！意思是说，文明在东方发展起来，然后慢慢像天上的太阳一样，到了中间如日中天，到了西方就落下了，而精神的光芒会永照世界。换句话说东方的文明是幼稚的、原始的，西方的文明才是伟大的、完整的。这就体现了西方中心论的思想。

西方在崛起过程中伴随着对殖民地的扩张和掠夺，在西方具备先进的工业生产力的时候，它的殖民扩张在全世界都势不可挡了。随着资本主义工业生产力的不断提高，到了19世纪末，西方控制了全世界，整个世界都被瓜分了，西方霸权已成定局。

如此一来，文明优越论就出现了，意思是说只有一种文明是正确的，其他文明都是错误的。按照达尔文的思想，优胜劣汰，正确的永远能够生存，错误的就应该被淘汰、被消灭，这就是所谓的社会达尔文主义。随着西方瓜分了全世界，自古以来人类多种文明并存的局面似乎走到头了，此时西方人信心满满，他们认为西方会永远控制全世界。这就是19世纪末、20世纪初的世界格局。

三、现代化的多种模式

在19世纪末、20世纪初，全球现代化开始了。现代化的潮流冲出了欧洲，首先奔向了西亚、北非，然后向东不断扩展，进入了南亚、中亚和东亚，同时也向西不断扩展，越过大西洋进入了美洲。经过一个多世纪的全球现代化，当今世界有一个现象特别值得我们注意，就是在现代化的进程中，获得成就最大的恰恰都是古代文明的核心地区，比如南亚、东亚，相当了不起；西亚、北非、南美也都不错，这些都是古代文明的核心区。所以说，在全球现代化的进程中，古代文明的核心地区开始复苏，换句话就是现代化推动了濒临灭亡的人类各种文明的复兴，这就是现代化对人类文明多样性所做出的巨大贡献。

有人说现代化最终会使全世界西方化，这是完全错误的。

西方也没有形成一种完全一致的文明形态。首先西方各国现代化的道路是不一样的，比如英国走的是和平渐进的改革道路；法国人比较喜欢革命，他们用的是革命的方式；德国既不用和平渐进也不搞革命，而是采用自上而下、高度集中的发展模式；而美国原来是殖民地，它首先要独立，然后才能发展，这又是不同的。在经济方面，英国用的是亚当·斯密的自由主义学说；法国在国家干预的方向跨出一步；德国基本上就是用国家的力量来推动经济发展；美国因为早先是英国的殖民地，就按照英国的模式走自由放任道路，后来到了20世纪，美国实行了国家大规模干预经济的政策。所以这些西方发达的资本主义国家，它们的现代化道路是不同的。

西方国家的政治制度也是不同的。比如英国采用君主立宪制，他们现在还有国王。而美国就不要国王，他们就要一个总统，总统制与君主立宪制的区别很大。在选举方法上，英国用的是所谓的领先者获胜的制度，美国用的是选举人制度，这两种制度有很大差别，却有一个共同之处，就是它们都是违背少数服从多数这个民主的基本原则的。

还有三权分立的问题，现在很多人以为所有西方发达国家都是实行三权分立的，这种认识是完全错误的。比如英国的三权都在议会，最近他们才把最高法院分出来，可是政府还留在议会里。

西方国家在其发展过程中都不断变换着自己的道路和政策，这也进一步说明了文明的形态是在不断变化的。比如英国从工业革命时期的自由放任政策到20世纪的福利社会政策；法国从革命的道路转向了改革的道路；美国改变了种族歧视的政策，等等。我们看到世界现代化进程中每个国家都有自身的特点，不同的国家都有不同的现代化模式，比如拉美模式、东亚模式、阿拉伯模式，还有中国模式等等，这些模式说明尽管大家都在进行现代化，但是不同文明体现出来的方式是不同的。

从 20 世纪的历史中可以看到，甘地发动了非暴力不合作运动，凯末尔领导了土耳其革命，纳赛尔提倡的是阿拉伯社会主义，曼德拉反抗的是南非种族隔离制度，这些人在各自国家的现代化进程中发挥了独特的作用，但这些作用都是不可复制的，换一个地方就行不通。因此可以看出，非西方国家的现代化进程呈现了更加丰富多彩的多样性。

因此我们可以得出结论，文明的多样性是永久存在的。亨廷顿就注意到了文明的多样性问题，所以他得出一个理论，就是文明的冲突。可是我们要问，文明的多样性一定会导致不同文明的冲突吗？答案是否定的。我们中国人常说和气生财、以和为贵。习近平总书记提出了构建人类命运共同体的理论，我们相信，这是解决文明多样性所产生矛盾与冲突的唯一途径。人类文明的多样性是永恒的主题，我们必须承认文明的多样性，同时用包容的、海纳百川的心态去看待世界，去构建全人类的命运共同体。

郝振省：下面按照惯例，我对今天的讲座做一个小结。

第一，钱教授讲了古代文明的多样性。人类最古老的文明出现在两河流域，河流是远古时期人们生存的保证和交往的通道；欧洲最早的文明也出现在水边，但这个水边是海边。后来他讲到希腊的城邦制，也讲到中世纪西方分封制造成的混乱。在中国，秦以后的政治统一和孔子的学说，使得中华文明延续至今。

第二，钱教授讲了现代文明的多样性。西方国家实际上都是从专制制度起步的。现在西方各国的制度都不一样，这就表明不仅古代的文明多样性有它的客观存在性，现代西方文明也毫无例外地表现出文明的多样性。应该说这种多样性是不以人的意志为转移的。不过现代的文明多样性与最初古代的文明多样性不同，古代的文明多样性更多取决于地理环境、生存条件；现代的文明多样性更多取决于生产方式、历史传统、意识形态和文化差异。

第三，钱教授讲了现代化的多种模式。他讲到不同国家有不同的现代化模式，文明的多样性不仅是成功的保证，恰恰也是现代文明的特征。是不是可以这样理解，现代化的模式实际上是现代文明继承和发展古代文明的结果，我们在这个前提下不断追求自己的现代化，所以每个民族都有自己不同的现代化模式，这才是和平、共赢、包容的模式。

钱乘旦教授以他深厚的底蕴、渊博的知识、睿智的思维，从古代文明的多样性谈到现代化的多种模式。让我们再次感谢钱教授的精彩演讲

（本文根据钱乘旦 2019 年 2 月 23 日在中央和国家机关“强素质·作表率”读书活动 2019 年第 2 期主题讲坛上的讲座内容整理）

主讲人：金灿荣

金灿荣，中国人民大学国际关系学院副院长、外交学专业博士生导师、对外战略研究中心主任。兼任中国未来研究会理事长、党委书记，中国国际关系学会副会长，中国太平洋学会副会长。

主要研究领域为美国政治制度与政治文化、美国外交、中美关系及大国关系、中国外交和战略。主要著作有：《中国智慧：十八大以来中国外交》《新石油战争》《大国来了》等。

当前国际形势、中国外交与中美关系

当前国际形势、中国外交与中美关系

郝振省：同志们，朋友们，大家上午好！今天是 2019 年第 3 期，总排序第 119 期中央和国家机关“强素质·作表率”读书活动主题讲坛，我们为大家特别邀请到了中国人民大学教授、国际关系学院副院长，我国著名的美国问题专家金灿荣教授作为今天的主讲嘉宾，大家欢迎他！

大家可以从今天金教授的主讲题目《当前国际形势、中国外交与中美关系》中发现，我们今天安排的主讲内容有三个指向，也可以说有三个目的。目的之一是想请同志们通过大学者的研究成果，尽可能准确、科学地了解国际形势。了解国际形势是我们党领导中国革命、中国建设、中国改革开放重要的方法论之一。毛泽东主席在抗日战争胜利后关于我党方针的论述，他晚年提出的关于“三个世界”的理论，都是研判国际形势的重要战略举措。邓小平同志提出和平与发展的时代主题，也是研究国际形势的科学的战略判断。到习近平同志“一带一路”

战略的提出，都是研究国际形势的重要成果。从这个角度讲，我们中央和国家机关的司处级干部，应该把了解和把握形势，特别是国际形势作为我们的基本功课。

目的之二，是通过准确、科学的介绍来了解中国的外部环境和外交格局，从而为我们在各自岗位上更好地开展工作提供参考。同志们知道，外交是内政的延伸，一切外交活动都是以内政为基础的，特别是在今天高度融合的情况下，可以说外交就是内政，内政就是外交。

目的之三，是帮助大家了解中美关系的现状和走向。美国是世界上最大的发达国家，我们中国是世界上最大的发展中国家，中美关系是我们外交格局中的核心因素和中心问题。自从特朗普上台以后，中美关系陷入一种新的变局之中，那么中美关系的变动呈现出一条什么样的曲线？变动后面的动因是什么？下一步会有什么样的走向？这些都是在座各位应该了解的，也是大家即将了解的。

基于这三个目的，我们确定了今天的主讲题目。金灿荣教授的主要研究领域就是美国政治制度与政治文化、中美关系和大国关系、中国外交和战略，让他来主讲这个主题再合适不过了。同志们，让我们以热烈的掌声欢迎金灿荣教授为我们做主题演讲。

今天我谈的内容主要分为三大块，一个是当前的国际形势，一个是中国在纷繁复杂的国际社会中的位置，第三个就是中美关系。中美关系可能在未来很长时间内都是我们外交的主要挑战，是既重要又麻烦的关系。我强调一下，我们国际关系学界对于任何问题都有很多看法，我讲的只是其中一种看法。

一、当前国际形势

在讲国际形势之前，我想先谈一谈对习主席两个新论断的体会。去年在外交上习主席有两个新论断，一个是习主席说世界正面临“百年未有之大变局”，这是以前没有说过的。习主席去年在公开场合至少讲了 7 次，今年他也讲过好几次，这是一个很重要的新论断。

第二个论断是 2018 年 7 月习主席在南非约翰内斯堡金砖国家峰会上提出的“第四次工业革命联盟”。去年 11 月底阿根廷 G20 峰会期间，在金砖国家首脑开会时习主席又提了一次，这个论断讲了两次。

1. 世界“百年未有之大变局”

世界“百年未有之大变局”应该怎么理解？我是这样体会的：一是国际格局正在变化。国际格局是指一个时期内大国力量的对比，它是建立在力量上、具有目的性的。过去几百年来世界都是由西方国家主导的，但是随着西方国家自身出了问题，以及包括中国在内的新兴国家的崛起，世界格局正在从西方主导走向东西方平衡，这是一个方面。另一方面，过去几百年，人类现代化的模式只有一个，就是西方模式。当然在西方模式这个大概念下还分几个不同的类型，英美是一个类型，德国是一个类型，苏联是一个类型，也有把日本说成一个类型的，但是西方学界普遍认为日本模式是德国模式的东亚版，其原创性不足。所以说到底，过去几百年人类现代化的模式就是西方模式，以前就有人把现代化等同于西方化，比如胡适先生。但是现在随着中国特色社会主义道路引导我们在现代化方面取得了巨大的成功，那么现代化的道路就有两条了，一条是西方道路，一条是我们的中国特色社会主义道路。还有一方面就是第四次工业革命正在到来，中国要抓住机会，不能在这次工业革命中再被落下。

2. 不能错过的第四次工业革命

18 世纪中后期人类开始进入现代文明，而现代文明的核心就是工业化。之所以这 300 年来人类文明有了飞速的进步，关键就在于三次工业革命，每一次工业革命都使人类工业文明上了一个新的台阶。1769 年一个叫詹姆斯 · 瓦特的英国人制造出了人类第一台蒸汽机，这个时候工业文明就产生了，而这第一次工业革命就是西方确立其优势的根本所在。差不多过了一百年，到了 19 世纪 60 年代，电力在美国广泛使用，标志着人类进入了电气化时代，迎来了第二次工业革命。又过了差不多一百年，在 20 世纪中期美国制造出人类第一台二进制计算机，人类从此进入到计算机时代，这标志着第三次工业革命的到来。

这三次工业革命有一个共同之处，即全部是由西方发起和主导的，具体到国家，就是英国和美国，他们也因此主导世界长达三百年，先是大不列颠帝国主导了两百年，然后是美利坚主导了一百年。其他的优势就更多了，比如现在国际交流语言必须是英语，金融霸权也在他们手里，先是英镑霸权，后来是美元霸权，还有很多行业标准也是他们两家定的，别人都得遵守。

反观我们中国，三次工业革命都没有把握住，然后我们就开始为之付出代价，代价就是一百多年的落后。虽然新中国建立后我们发展很快，但我们现在还是发展中国家。2018 年是我国改革开放 40 周年，我们人均 GDP9700 美元，仍然不是很高，这就是事实，大家要牢记在心，我们落后的根本原因就是前面三次工业革命我们都没有抓住。但是现在的情况和过去大不一样了，第四次工业革命我们一定要抓住。如果由我们来主导和推动第四次工业革命，我们就会对人类做出重大的贡献，而历史老人是公正的，他一定会回报我们的。怎么回报？就是中华民族实现伟大复兴。从逻辑上讲，第四次工业革命应该发生在我们这代之后，到那时，世界上最尖端的技术和最先进的产业就都在我们中国了，我们的祖国会变得既富裕又强大。那个时候的中国人就非常幸福了，我们的护照全世界都免签，所有的国家都欢迎我们去；我们的人民币肯定是世界性货币，大家出国再也不用换汇了；我们的语言是世界通用语言，大家也不必苦学英文了。

3. 当前国际形势的主要特点

习总书记做出的这两大论断，是他对现实情况的归纳和总结。而现实是什么呢？就是国际形势的不确定，无论是跟冷战时期比，还是跟冷战结束后的前 20 年比。具体来讲，我用五个表现、六个根源来阐述当前国际形势的主要特点。

第一个表现是美国开始搞贸易保护主义了。过去美国的市场很开放，观念也很开放，他们一直高举自由贸易的大旗。过去的 30 年里我们经历了全球化过程，全球化的正面影响就是人类财富的快速增长，很大程度上消除了贫困，在这一点上美国是做了贡献的，中国也获得了很大的利益。甚至有人说，在过去 30 多年的全球化过程中，中国是最大的赢家，我个人认为这个判断是成立的。

我给大家讲一组数字，1978 年中国的总贸易额是 206 亿美元，到了 2018 年改革开放 40 年时，我们的总贸易额达到了 5.5 万亿美元，从 206 亿到 5.5 万亿，增长了几百倍，现在我国的总贸易额在世界排名第一位。所以全球化是好事，原则上对谁最好。但是现在美国变了，他更小气了，他已经从全球化的第一推手变成了最大的阻碍。美国已经不提自由贸易了，他现在提公平贸易，所谓的公平贸易就是发达国家和发展中国家一个待遇，不许给发展中国家照顾。这其实是不对的。美国现在跟几乎所有的贸易伙伴都打起了贸易战，包括欧盟、日本、土耳其等等，他都打。这样一来全球化就可能出现逆转，对中国来说，我们的外贸态势就不如以前好，以前外贸是顺风顺水，现在进入到逆水行舟的阶段。

第二个表现是贫富分化在全世界加剧，从而导致了“民粹主义”盛行，而“民粹主义”又导致了“强人政治”的出现。过去 30 年的全球化有一个原则叫新自由主义，其核心是个人主义，它是从个人角度来看待人与人的关系以及人与社会的关系，其崇尚私有经济和纯粹的市场竞争，特别反对公有制和政府干预。新自由主义固然可以促进经济发展，但它的副作用就是加剧贫富分化。过去 30 年中各国贫富分化的现象都在加剧，这就必然导致一个后果，就是中下阶层的不满，而这种不满在政治上就称为“民粹主义”，它是一种情绪，并没有理论，表现就是对现状不满、对经营层不满。这种不满就会导致社会运动的发生，像美国的“占领华尔街”运动、法国的“黄马甲”运动等等。如此一来，就会有政治家出来利用人们的不满来达到自己的政治目的。比如特朗普先生，他成功地得到了美国白人蓝领工人的支持，他讲话特别简单、直白，还会带点儿粗鲁的味道，他就是要让蓝领工人们都听得懂，都喜欢他、支持他。特朗普站在他们的立场讲话，骂华尔街，骂东西海岸的知识分子，骂主流媒体，当然也骂外国，这样他就成功地把蓝领工人的不满表达了出来，成为他们的代言人，最后赢得了总统大选的胜利。可以说，特朗普把美国政治带向了“强人政治”。“强人政治”的特点是什么？就是不太遵守规矩，按照自己的意志行事。很多国家都在搞“强人政治”，比如法国的马克龙、日本的安倍、印度的穆迪、土耳其的埃尔多安、菲律宾的杜特尔特等等。所以我们要面对的现实，就是世界进入了“强人政治”时代。

第三个表现是难民潮和非法移民潮使欧洲和美国由开放走向封闭。应该讲欧美社会一直比较宽容，但现在的情况是由于难民潮和非法移民潮的冲击，这两个“宽容典范”正在退化。欧洲一直是接纳难民的，他们的人道主义传统是好的，加上20世纪60年代人口老龄化加剧，欧洲国家也需要一些移民来补充人口。以前他们接收难民很有序，每年都有固定的额度，并且要走一个严格的审查难民的程序，一般来讲接收的难民都是年轻力壮、受教育程度较高、宗教观念相对温和的人。但是到了2015年，欧洲开始面临难民潮，当年接收的难民有350万人，是正常年份的23倍。为什么形成难民潮呢？根本原因还在欧美自己。西方国家很不负责任地把中东一些国家搞乱了，比如叙利亚、伊拉克、利比亚，战乱使得大量当地民众流离失所，沦为难民，于是很多人涌向了欧洲。接收了大量难民后，欧洲自己就出了问题，不仅加重了财政负担，还严重影响当地的社会治安，一些难民无所事事，就打架斗殴、贩卖毒品、强奸妇女，给当地民众的正常生活带来了巨大影响。而最大的问题是恐怖分子也混进来了，导致欧洲暴恐事件剧增，造成了大量人员伤亡。因此欧洲当地民众开始愤怒，愤怒的必然结果就是排外、封闭，然后右翼政党就活跃起来了。

美国对拉美国家的影响力最大，大部分拉美国家都听美国的，美国抛出了一个所谓的“历史终结论”，其核心就是私有化。于是拉美国家老老实实地按照美国人的方案，把国有企业、国有矿山、国有银行等国有资产全给卖了。卖了以后，从1996年到2008年金融危机爆发前，他们倒是享受了十几年的好日子。但从2008年金融危机爆发以后，一直到现在，拉美的经济都很低迷，这就导致了一系列的问题，其中就包括失业。于是大量的拉美人就想去美国找机会，他们很多人搞拼车，几家人共同买一辆大篷车，浩浩荡荡地一起往美国走。美国现在很头疼，他们的边境压力非常大，于是开始修墙，甚至动用军队打击非法移民。

总之，现在欧洲遇到了难民潮，美国遇到了非法移民潮，在这样的压力下，欧美社会开始发生变化，从开放、包容走向封闭、排外，这对世界来说不是一个好消息。

第四个表现是宗教的极端化导致政治的极端化。在全世界77亿的总人口中，只有20%的人，其文化骨子里是世俗化的，那就是中华文明圈、儒家文明圈、汉字文明圈。具体讲就是中国、新加坡、朝鲜、韩国、日本、越南和缅甸北部，这些地方是世俗化的。因为我们都遵循孔老先生的指示，敬鬼神而远之，以人为本。而其他80%的人都信神，他们的人生原则是以神为本。这样一来就有麻烦。我们中华文明圈最简单，把人与人的关系处理好就行了，而他们不是，他们得处理两种关系，一种是人与人的关系，还有一种是神与神的关系，处理得不好就会引发诸神的战争。现在因为全球化，导致不同的神接触频率增加了，他们之间的摩擦也随之增加，这就造成了文明的冲突。全球化会让不同的文明发生摩擦，虽然大家在经济上能够融合，但在文化上就会产生摩擦。另外网络全球化也会导致宗教极端化，而宗教极端化必定会导致政治极端化。

第五个表现就是网络信息获取的欺骗性。现在网络上信息很多，但这些信息是碎片化的，而且人可以主动选择自己想要获取的信息，很多人喜欢泡在网上就是因为这个原因，你可以在网上主动寻找一些信息。现在有一些不良商家掌握着大数据平台，他非常了解你，你喜欢什么他就会给你推送什么：比如你是驴友，他专门给你推送旅游信息；你喜欢保健，他就给你推送保健产品……这就麻烦了，你自己有偏好，别人又不断强化你的偏好，其结果是自己看到的恰恰就是想要看到的世界，它跟真实世界是有差距的。如果每一个人看到的都是选择性的世界，那么这个世界将会陷入无真相的时代。

下面我来讲一讲六个根源。

第一个根源就是美国、欧洲内部出现了问题，这就导致他们主导外部世界的能力有所下降。“冷战”时期世界是三分天下的，那时候有个苏联集团，有个美国集团，中间还有一个 77 国集团不结盟运动。“冷战”以后西方一统天下，但是现在美国和欧洲家里都有事，他们的主导力量就下降了，于是整个世界的格局就要发生变化。

第二个根源是以中国为代表的非西方国家的崛起，促使世界格局中的东西方趋于平衡。

第三个根源就是网络的发展。随着互联网的飞速发展与普及，现在我们已经融入网络世界，融入网络世界的人就生活在二元世界里。所谓二元世界，包含了我们身体所处的物理世界，还有由网络信息构成的虚拟世界。这也是治理人类社会所面临的一大挑战。

第四个根源就是全球化导致了地方意识的抬头。

第五个根源就是全球化会导致技术扩展加速，从而使得东西方更加趋于平衡。

第六个根源就是第四次工业革命的到来会对东西方关系产生根本性的影响。大家普遍认为第四次工业革命涵盖以下五个方面：一是材料工业，二是基因工程，三是人工智能，四是量子工程，五是核聚变。就目前来说，美国的技术最为先进，属于第一梯队；而我们中国的技术也不差，能够和欧洲、日本排在第二梯队；韩国、印度、俄罗斯等少数国家只能排在第三梯队，因为他们没有能力全面参与其中，只能在个别项目上参与一下；剩下的国家连竞赛资格都没有，这就是各国在第四次工业革命中的基本态势。我大胆推测一下，未来十年中国一定会从第二梯队中脱颖而出，然后在第二个十年同第一梯队的美国PK，而且我认为我们一定能赢。

二、世界新格局中的中国

中国是不确定的世界中相对确定的部分，并且呈现出上升的态势。我认为第一个原因，也是最重要的前提，就是我们国家政治稳定。中国特色社会主义道路是适合中国国情的，我们还有中国共产党的坚强领导。第二个原因是我国拥有可观的人口红利，还有巨大的工程师红利，这是我国经济高速稳定发展的基础。现在中国拥有人类历史上最大规模的高等教育体系，2018年中国在校的大学生和研究生达到了3000万人，是美国的两倍。所以我认为未来20年内中国经济还会保持中高速增长的态势。

现代国家最内核的力量是什么？就是科技核心。我们人类早已处在工业文明时期，工业文明的核心就是工业化，而工业化的核心就是现代制造业。可以说，当今世界谁能够掌握现代制造业，谁就能够把握自己的命运。欧洲崛起的关键，就是因为他们最早步入了机器大生产时代，掌握了现代制造业。日本的崛起也是由于他们建立了现代制造业。今天我们中国的崛起也是如此。中国工业化达到了什么程度呢？我用三个指标来衡量一下，第一个就是规模特别大。2010年中国的制造业总产值就已经超过了美国，到2016年我们就是美国、日本两国之和，到2018年我们的制造业总产值达到了美国、日本、德国三国的总和，所以说我们现在拥有人类历史上最大规模的制造业。第二个就是中国的制造业体系特别完整，换句话说就是我们什么东西都能造。第三个就是我们的模仿能力很强，好东西看一眼就能造出来。但我们也要大力培养创新能力，不能一味模仿。

党的十八大以来，中国外交变得更加进取，更加奋发有为，我们称之为中国特色的大国外交。一个国家要崛起，在战略上有三个要求，第一个你要有力量，第二个你要敢用力量，第三个你要善用力量，只有这三点都做到了，国家才能崛起。新中国建立以前我们是没力量的，新中国建立以后我们的力量也不够。就是通过不断地积攒力量，到了今天，我们在以习近平总书记为核心的党中央领导下开始敢用力量了，而下面的一个任务也很关键，就是要善用力量。

现在的情况就是这样，中国的国际地位提高了，工业化也实现了，我们也敢用力量了，我国是最大的发展中国家，美国是最大的发达国家，因此中美关系就是21世纪最重要的双边关系。对于中美关系，我们根据历史经验可以得出一个结论，就是合则两利，斗则两伤。我看3月8日的记者会上，王毅外长就特别强调，一定要尊重这个历史经验：合则两利，斗则两伤。

三、新背景下的中美关系

我们中国外交分为四个部分，即大国外交、周边外交、发展中国家外交，以及同多边国际组织的外交。虽然中国周边情况非常复杂，呈现出国家多、人口多、矛盾多的特点，但我们的周边外交处理得很不错。另外我们同发展中国家的关系非常好，同多边国际组织的关系也可以，所以中国外交有三块都没问题。中国的大国外交有三对关系：中美关系、中俄关系、中欧关系。应该说中俄关系很好，中欧关系有矛盾，但是可控。真正有问题的就是大国外交中的美国方向。

中美关系，非常值得我们重视。中美关系现在是什么状态呢？我认为中美关系开始进入到一个长期的、不太乐观的状态。

现在有三个新的背景，一个就是美国变了，美国现在很焦虑，他的内部矛盾很大。中国也变了，以前特别穷，现在中国强大了，我们更有底气了。另外还有很多第三方开始挑拨离间。总之，以前的中美关系总体很成功，但现在开始遇到种种新变化，而且是结构性的变化，美国这边变，我们这边也变，再加上第三方在捣乱。

现在中美关系的主要问题就在于美国对中国的定位变了。原来美国给我们的定位是什么？是有缺点的伙伴，而今天则是其主要的战略竞争对手，并且长期来看，还是唯一的对手。因为他们认为目前大国竞争是最重要的，所以就把反恐放到后面了。而且美国的行动能力很强，去年就以贸易为切入点打了我们一拳。

先是贸易战，再迅速扩大到科技战，整我们的华为去了，然后又开始金融战，用金融手段卡华为、中兴、福建晋华和海康威视。还有舆论战，特别是打贸易战的头三个月，国内网上一片焦虑。前不久《华尔街日报》还造谣说我们中国豁免了喀麦隆 52 亿美元的债务，其实我们只豁免了 7800 万美元的到期债务，根本不是 52 亿。这就是美国去年打的一套组合拳，以贸易为切入点，再扩展到科技、金融和舆论。

我个人推测，今年中美贸易战会告一段落，原因就是我们扛住了，而美国现在也很困难，他们也想解决问题。当然，贸易战虽然告一段落，但美国还会打别的牌。

在美国的压力面前，我们也不要害怕。我们中国是超大型国家，有 14 亿人，一个中国能顶两个欧盟的人口；我们国家有中国共产党的领导，组织力和凝聚力非常强；我们还有完备的工业化体系，具备强大的工业生产能力。所以面对美国施加的压力，我们首先要把国内的事情做好。怎样才能做好，我认为有三点：第一，要坚持以经济建设为中心。第二，要发挥两方面的作用，一个是企业家，另一个是地方政府，把这两方面的力量发挥好了，整个国家就会活起来。第三，提高经济发展速度。我觉得这三点做好了，全盘皆活。

需要注意的是，现在一部分美国人对我们的敌意很深，他们想把中美关系引向全面的新的冷战，这就非常危险。他们中还有一些人甚至想在我国台湾海峡和南海搞出热战来，这两个风险就非常麻烦，我们一定要好好应对，将其控制住。

未来十年中美肯定是以竞争为主。以前中美关系是一半竞争一半合作，未来一定是七分竞争，三分合作。中美竞争的领域有很多，而且以后会越来越多。长期来看中美的竞争主要在两个领域，第一个领域是双方国内的改革，谁能把国内的改革搞得好，谁就会立于不败之地；第二个领域是第四次工业革命，谁能把第四次工业革命做好了，谁就能把握未来。

最后我做一个乐观的预测，来作为这次演讲的结尾。我个人认为我们的优势比美国要大。孙中山先生认为民族复兴有一个指标就是超英赶美。现在"超英"实现了，剩下的就是"赶美"。我估计到 2030 年"赶美"可能也就实现了，因为我推算，那时我们的名义 GDP 大概是美国的 130%，而实质 GDP 早在 2014 年我们就已经超过他了，2018 年已经是他的 120% 了，到了 2030 年将是美国的 200%。还有制造业很有可能达到美国的 300%，甚至是 400%。科技产出也会略超美国。而且我相信中美关系一定会改善。到 2030 年我们更加强大了，他就会和我们交朋友。以后我们跟欧盟、俄罗斯、日本、印度、巴西的关系也都会不错。这样对中国好，对世界也好。谢谢大家！

郝振省：下面按照惯例，我对今天的主题讲坛做一个小结。

第一，金教授从几个方面讲到现在的国际形势处于“百年来未有之大变局”状态，一是由西方主导转向东西方平衡；二是中国模式对西方模式构成挑战；三是第四次工业革命对世界形势影响巨大。我觉得这里面有一个内在的逻辑，由西方主导世界转向东西方的平衡，现代化的模式不再唯西方是从，这就导致了后面所讲的国际形势的不确定性。特朗普的逆全球化也好，美国优先原则也好，发动贸易战也好，实际上都是美国对国际形势大变局的不满，因为美国要维护西方主导，维护西方模式的唯一性。

第二，金教授讲到当前中国外交的情况，特别提到了几个方面：一个是我们与周边国家的关系，总体还是不错的；一个是我们和大国的关系，多数还是和谐的；还有总体可控的外部环境。

金教授讲到，美国人现在认为我们变成了他的竞争对手，从中国的角度来看，这也是我们的成功所在，因为这恰恰说明了中国共产党领导全国人民所开辟的中国特色社会主义道路是实现中华民族伟大复兴的唯一出路，在这个基础上形成的理论、制度和文化构成了中国外交的基石。

第三，金教授讲到了新形势下的中美关系。由于美国人不接受中国的崛起，于是采取了一系列非理性的手段，包括制造贸易摩擦、搅局设障、歪曲舆论等，其实从某种意义上来说，这也等于他承认和证实了中国的崛起。既然中国崛起已成定势，美国衰落也是事实，那么这两个大国间最理想的关系应该还是不冲突、不对抗、相互尊重、合作共赢。但这是我们所秉持的理念，而特朗普秉持的理念是崛起国和守成国之间必然有冲突，有我无你，有我无他。所以我们应该从总体格局出发来理解和应对中美关系，来维护人类命运共同体的健康发展。

如此复杂的国际局势，金教授将其举重若轻地展现在我们面前，他的语言既幽默风趣，又直白犀利；他的思考角度独特，颇有深度。让我们再次感谢金教授的精彩演讲！

（本文根据金灿荣 2019 年 3 月 23 日在中央和国家机关“强素质·作表率”读书活动 2019 年第 3 期主题讲坛上的讲座内容整理）